T0376066

mokorua

Ariana Tikao

mokorua

Ngā kōrero mō tōku moko kauae • My story of moko kauae

Nā **Matt Calman** ngā whakaahua

Photo essay by **Matt Calman**

Nā Ross Calman i huri ki te reo Māori

Te reo Māori text by Ross Calman

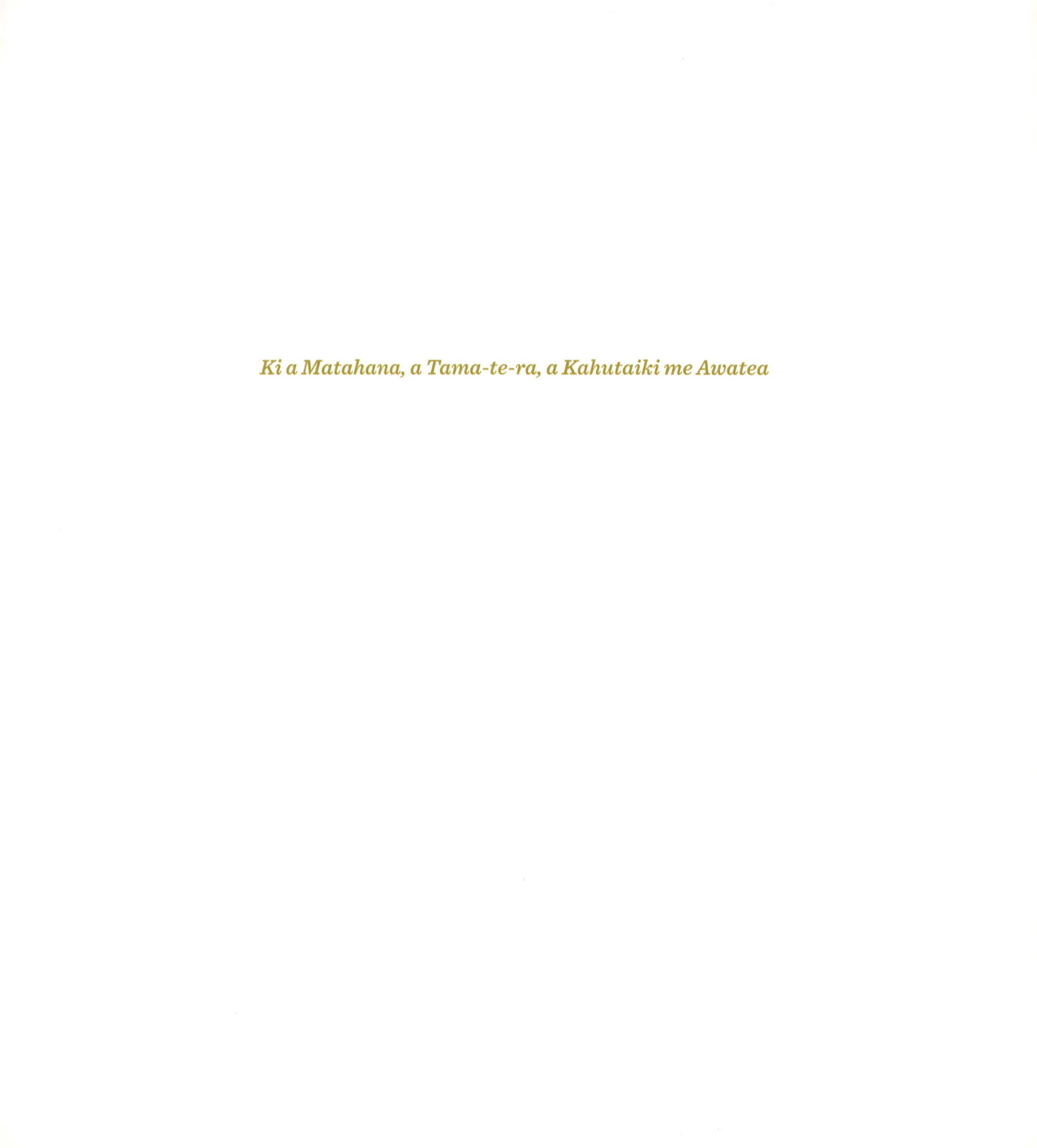

Ki a Matahana, a Tama-te-ra, a Kahutaiki me Awatea

Ngā ihirangi—Contents

6 Ngā kōrero—The story

49 Ngā whakaahua—The photographs

145 Ngā tāngata—The people

158 He kupu āpiti—Notes

158 Te kuputaka—Glossary

160 He mihi maioha—Acknowledgements

Ngā kōrero

Kei te pupuri ahau i ngā mokomoko e rua, me tōku ringaringa te roa – he kākāriki te tae o te taurawhi, he karera te uha. Ka kitea e au e hapū ana te uha, ka raua ai ki te kōpaki hei tiaki i a ia. Kātahi ka āta piki mai te taurawhi ki tōku kauae . . .

I te aonga ake ka whakaahuatia tēnei moe ki tētahi hoa. Ko te mea kē, kāore au i mataku i te pikinga mai o te mokomoko ki tōku kanohi. Ka whakaaro tōku hoa, kātahi ka kī, 'Ko tō moko tēnā.' Ka taka te kapa. Ko 'moko', ko 'mokomoko' rānei, he kupu anō mō tētahi momo ngārara me ngā tauira ka tāngia ki te kiri.

I ahau e tamariki ana, kāore kau aku kitenga ake i te tangata mau moko. Waihoki ngā tānga kiri, kāore i kitea nuitia tēnei mahi i ngā tau 1970 me 1980. I kitea noatia e au ngā moko kauae i roto i ngā pukapuka, i runga pouaka whakaata rānei, engari he mahi nō tua whakarere te āhua, ehara i te mahi nō te ao i mōhio nei au. I a au e ako ana i te whare wānanga, ka whakapuaki au ki ētahi o aku hoa Pākehā ki te pāparakāuta, kia tae au ki te rua tekau mā tahi tau, ki tā te tikanga o tōku whānau, ka tāia taku kauae ki te moko. Engari, i taua wā, he mea whakakata noa iho tērā kōrero.

E toru tekau tau i muri mai, kua huri kē tōku āhua – me tō Aotearoa hoki.

The story

I am holding two lizards. They are about the length of my hand – a bright green male and a paler female. I notice that the female is hapū and I put her in an envelope to take care of her. The male then slowly walks up towards my chin . . .

The next day I described this dream to a friend. Somehow it didn't feel threatening when the lizard started climbing onto my face. After a moment's reflection, my friend said, 'That's your moko.' The penny dropped. Moko, or mokomoko, is a word for lizard in Māori.

As a child I never saw a living person with a moko. Come to think of it, even tattoos were rare back in the 1970s and '80s. I had probably seen moko kauae in books and on television, but they seemed like relics from a world that I did not know. When I was at university, I told some Pākehā friends in the pub that when I turned twenty-one I would have to follow whānau tradition and get my moko. But back then it was just a joke.

Thirty years later, I had changed – and so had Aotearoa.

He maha ngā iwi, tae atu ki tōku nei, ki a Kāi Tahu, kua tatū ngā whakataunga Tiriti me te kāwanatanga, kua huri te aronga mai i te whakaputa nawe, ki te whakapakari i ō mātou tuakiri ā-iwi nei, ki te hanga anō hoki i te ōhanga ā-iwi. Kua pakari ake anō tō mātou mana o roto o Te Waipounamu, tae atu ki Aotearoa whānui. Kua whai pūtea ināianei hei tautoko i ngā kaupapa ā-iwi, ā-hapū, ā-whānau, hei whakarauora i ngā mātauranga me ngā tikanga a ō mātou tīpuna.

Nō te whakatakoto moemoeā a ngā manukura e āhua pūhou ana, pērā i a Hana O'Regan me Tahu Potiki, ka ara ake te kaupapa Kotahi Mano Kāika, he rautaki whakarauora reo hei hāpai i ngā whānau Kāi Tahu ki te ako i te reo Māori. Kua tipu te hihiri ināianei o ngā tāngata katoa o Aotearoa ki te ako i te reo Māori, me te aha, kikī ana ngā karaehe tīmatanga huri noa i te motu. Ko te āhuatanga o mua, ka rongo te tangata tauhou i a koe e kōrero Māori ana ki te hokomaha, ka tiro kāeaea mai ia; ināianei, ka whakapaingia te whakamahi o te reo Māori e te tauhou mā te menemene me te kī mai, 'Kia ora'.

Ahakoa ka haere koe ki hea i roto i tō mātou takiwā, ka rangona ināianei ngā waiata me ngā haka Kāi Tahu, mahue kē te 'Ehara i te mea' o mua. Kua tipu haere te hapori ringatoi Kāi Tahu e whakamāori ā-ataata ana i ngā kōrero pūrākau mō te mahi whakahou i tō mātou tāone pakaru o Ōtautahi i muri mai i ngā rū whenua whakamōtī i ngā tau 2010 me 2011. Kua tāpirihia ā rātou mahinga toi ki te horanuku ā-tāone hei whakarite i ngā whare whakatuanui kua hangaia i roto i te tāera o ngā whare tawhito o Ingarangi. Ka kite pū ā mātou mokopuna i a rātou anō e whakamihia ana i roto i te hanganga o te tāone nui.

Tāpiri atu ki tēnei, kua kore tēnei mea te moko e whakarērea noa ki tua whakarere. Kei konei ia, i tēnei wā – e whakakite whakahīhītia ana hei tohu tuakiri i te whenua tino rerekē i tērā i mōhio nei au i a au e tamariki ana.

Many iwi, including my own, Kāi Tahu, have come through Treaty settlements with the government, resulting in a change of focus from grievance towards strengthening our collective identity and building a tribal economy. It has also shifted our political standing within Te Waipounamu, and in the rest of Aotearoa. There is now the pūtea to support iwi-, hapū- and whānau-led initiatives to revive our tīpuna's knowledge and cultural practices.

The visioning of young leaders such as Hana O'Regan and Tahu Potiki brought about Kotahi Mano Kāika, the reo revitalisation strategy that has supported the learning of te reo Māori for Kāi Tahu whānau. There is now a thirst among New Zealanders of all backgrounds to learn te reo Māori, with beginner classes all over the motu full to overflowing. Whereas in the past you may have been met with hostile stares for speaking te reo in the supermarket, now it is likely strangers will encourage its use with a friendly 'Kia ora'.

Wherever you go in our takiwā, Kāi Tahu waiata and haka are performed instead of the 'Ehara i te mea' of yore. A burgeoning community of Kāi Tahu artists are visually representing iwi historical narratives for the rebuild of our broken city of Ōtautahi following the devastating Christchurch earthquakes of 2010 and 2011. Their artworks provide a greater balance to what was previously an oppressively dominant English neo-gothic built heritage. Our mokopuna will see themselves acknowledged in the very fabric of the city.

Alongside these developments, moko is no longer something relegated to a distant and foggy past. It is here and now – proudly displayed as a marker of identity in a country very different to the one that I knew as a child.

Ko au e kōhungahunga ana me ōku tuākana, tungāne ki Kōrerokaroro, c. 1973.

Me as a toddler with siblings at South Brighton Beach, c. 1973.

Te huri ki a Ariana—Te moko me te tuakiri

I tipu mai ahau i Ōtautahi, te pōtiki o ngā tamariki tokowhitu, he Pākehā tōku māmā, a Lois Alison Tikao (née Pearce), he Māori tōku pāpā, a George Waitai Tama Tikao. I tipu mai a Pāpā ki te kāinga Māori o Rāpaki, wāhi o Te Whakaraupō. Nō Kāi Tahu ōna mātua, nō Horomaka. I kōrero rāua tahi i te reo Māori, engari kāore te reo Māori i kaha whakahuatia i te kāinga. I a Pāpā e nohinohi ana, ka riro ia hei whāngai mā Nan Tore. Ka kōrero ia i te reo Māori anake, ākuanei kua noho a Pāpā ki tōna taha mō te wā roa, ka matatau ia ki te kōrero Māori. Engari, i tētahi pō, ka kite ia i te kēhua, ā, nā tōna tino wehi ka whana atu ōna waewae, ka pā atu ki tōna tāua kē – ka kore rawa ia e hoki ki reira noho ai.

I te mea kāore i auau tōna rongo i te reo Māori ki te kāinga, ā, i te wā hoki ka whiua te ākonga mō te kōrero Māori ki te kura, ka tipu reo-kore mai tōku pāpā. Tae rawa atu ki tōna matenga, he kōhau nōna mō te āhua tapepe o tōna reo Māori. Nō konā, nō ngā kaupapahere hoki ka whakaaro ai tōku whānau ko te ao Pākehā te huarahi mō āpōpō, ka tipu ake mātou e kōrero Pākehā ana. I homai hoki ngā ingoa Pākehā ki a mātou: ko Leanne tōku.

Mō ngā tau tuatahi o tōku oranga, i noho mātou ki te tiriti o Redgrave, Hillmorton, ki tētahi o ngā whare i hangā e te kāwanatanga. Ka pokea nuitia a Māmā me Pāpā e te mahi, hei whakaea i ngā nama e noho ora ai te whānau. Engari, he nui ngā tāngata hei tiaki i ahau, te pōtiki o te whānau. Ka whakapau mātou ko ōku tungāne, ko ngā tamariki e noho pātata ana, i ngā raumati roa e purei kirikiti ana ki tō mātou iāri. I te makariri i noho mātou ki te mātakitaki whutupāoro ki tō mātou pouaka whakaata 'Philips K9'.

Becoming Ariana—Moko and identity

I grew up in Christchurch, the youngest of seven children with a Pākehā mother, Lois Alison Tikao (née Pearce) and a Māori father, George Waitai Tama Tikao. Dad grew up in the small Māori settlement of Rāpaki near Lyttelton. His parents were Kāi Tahu from Horomaka (Banks Peninsula). They both spoke Māori but didn't use te reo much in the home. When Dad was little, Nan Tore took him in as her whāngai. She spoke only Māori and, had Dad stayed on with her, he could have become fluent in te reo. But one night a kēhua appeared and Dad was so frightened that he kicked out at it. His little feet kicked his Nan instead of the ghost – and he never went back there to stay.

With limited exposure to the Māori language at home, and at a time when students were punished for speaking it at school, te reo was denied to my father. Right up until he passed away he regretted not being proficient in te reo Māori. As a result, and because of policies that made my whānau think that te ao Pākehā was the way of the future, we all grew up speaking English. We were given Pākehā names, too: mine was Leanne.

For the first years of my life we lived in Redgrave Street, Hillmorton, in a four-bedroom former state house. Mum and Dad were often out working so they could earn enough to pay the bills and keep our big family afloat. But as the youngest I always had plenty of people looking out for me. We had long summers of backyard cricket with my brothers and neighbourhood kids, and winters watching the rugby on our Philips K9 television.

He wā anō ka whakangahau a Pāpā i a mātou ki āna kōrero mō tōna tamarikitanga ki Rāpaki. He ao anō tērā, he tino rerekē i tō mātou noho ki te tāone hei 'Kiwi', ka tino aro atu mātou ki tāna i kōrero nei. Ka kōrerotia ngā 'pakanga' ki ngā tamariki Pākehā nō Cass Bay, te wāhi o kō atu, me ngā kōpere i hangā e rātou. I taua wā, i noho mohoao ngā tamariki o te pā, tae atu ki te wā ka karangahia rātou mō te kai, ki te korowhio a te whānau, he mea kē kei ia whānau.

Ka tino ora mai ngā kōrero a Pāpā i ngā wā ka wehe mātou i tō mātou kāinga i te tāone mō ngā hararei o te raumati. Kei te maumahara au ki tētahi Kirihimete i noho mātou i roto i ngā tēneti ki Ōnuku, te marae pātata ki Akaroa i tipu mai ai tōku tāua. He 'Bunker' ia nō ngā whānau Puhirere me Hokianga, o ngā kāwai o Kāi Tahu, o Ngāti Kahungunu anō hoki. Ko te ingoa karanga mō Ōnuku, ko te 'Kaik', tā mātou kupu tēnei mō 'kāinga'. Ki tāku e maumahara nei, he wā kikī tonu i ngā mahi mātātoa, mahi pārekareka i te taha o ngā kaihana, ngā mātua me ngā whāea. Ka hī ika ngā tamariki āhua pakeke ake, ā, ka haere mātou katoa ki te kaukau i te ākau. Ka mauria mātou e Uncle Henry Robinson ki ngā haerenga ruturutu i runga i te 'Gnat', he waka pāmu e toru ōna wīra. Ka eke katoa mātou ki te rahoraho iti o muri, kātahi ka rutua mātou, me te tino pārekareka – i mua atu tēnei i te aranga mai o ngā tikanga haumaru.

Tērā tētahi tino tāua i noho i tua atu i tō mātou puni, ki tētahi whare kī tonu i ngā kōrero o nehe. He turi ia, he matakerepō hoki, ka noho mataku au i a ia. Ka tuhituhi a Māmā mā tōna matimati ki te kapunga o te ringaringa o te tāua hei whakamōhio ki a ia ko wai mā ngā manuhiri kua tae ki tōna whare, ā, ka harakoa tōna kanohi rerehe. He mea mīharo ki a au, ka taea e Māmā te kōrero atu ki a ia mā te pā noa ki tōna kiri. Nō muri mai i tēnei tūmomo mahi, ka hoki mātou ki tō mātou oranga 'māori' ki te ao Pākehā.

I hoko atu a Māmā me Pāpā i tō mātou whare i mua tata atu i taku tīmata ki te kura tuarua, ka nuku mātou ki tētahi pāmu iti pātata ki Burnham, he hāwhe hāora ki te tonga o Ōtautahi. Āhuru ana te noho a Pāpā, nā ōna wheako i runga pāmu i tōna tamarikitanga ki Rāpaki, i runga anō i ngā pāmu o ōna huānga ki Horomaka. Ka urutau pai a Māmā ki te noho tuawhenua – he tino mōhio ia ki te whakarata kararehe, he mahi pai hoki ki a ia te whakatipu manu.

Sometimes Dad would entertain us with stories about his childhood at Rāpaki. It was a world away from our suburban Kiwi upbringing and we were enthralled. He'd tell us about wars with the Pākehā kids from the neighbouring Cass Bay, complete with homemade bows and arrows. Back then, the pā kids ran wild until they were called back at mealtimes, with each whānau's unique whistle as a signal.

Dad's stories would come alive when we left our suburban home and went on summer holidays. I recall one Christmas staying in tents at Ōnuku, the marae near Akaroa where my nana grew up. She was a Bunker from the Puhirere and Hokianga whānau, of Kāi Tahu and Ngāti Kahungunu bloodlines. Ōnuku was known as 'The Kaik', our version of kāinga, or village. I remember it as a time full of adventure and fun with cousins, uncles and aunties. The older kids went out fishing, and we'd all go swimming at the rocky beach. Uncle Henry Robinson took us on bumpy rides on the Gnat, a three-wheeler cross-country farm vehicle. We'd all pile onto a small wooden deck on the back, where we were tossed about, having the time of our lives – before the intervention of 'health and safety' practices.

One very old tāua lived in a history-steeped cottage across from our campsite. She was deaf and blind, and I was a bit scared of her. Mum used her finger to write on the old woman's hand to tell her who was visiting and her wizened face lit up. It was magical to me how Mum could communicate with her through touch. After such experiences staying at our marae, we'd return to our 'normal' life in te ao Pākehā.

Mum and Dad sold our house in Hillmorton just before I started high school, and we moved to a small farm near Burnham, half an hour south of Christchurch. Dad was in his element, as he'd had a lot of farming experience as a boy at Rāpaki and on his relations' farms on Horomaka. Mum adapted well to rural living – she had a real knack with animals, and was particularly fond of breeding birds.

Ka haere au ki Lincoln High, engari i mahue au i ngā whakamātautau whakarārangi tauira e whakauru ai ki te hunga ngaio o te kura. Ahakoa āku mahi papai i te kura tuatahi, ka whakaurua ahau e te tumuaki ki te karaehe o raro. Ki tōku nei whakaaro, ko ōku toto Māori te take, ahakoa koirā tētahi taha noa iho ōku! He wā anō i Lincoln High kāore e wātea ana te reo Māori hei kaupapa ako, nā reira ka huri au ki te ako i te reo Wīwī me te reo Hāpani. Tokorua, tokotoru rānei mātou ngā uri Māori i roto i ōku karaehe i te kura. I te otinga o taku tau whakamutunga ki reira, kua tonoa ahau kia whiriwhiri i tētahi taonga e whakaahua ana i tētahi āhuatanga ōku, hei rau atu ki tētahi 'ipu wā'. I whiriwhiri au i tētahi taretare Māori tērā i riro mai i te wā e ono noa ōku tau, i hokona i a mātou e hararei ana ki Rotorua.

Ka mutu au i te kura tuarua, he hiahia nōku ki te torotoro haere i te ao Māori me tōku tūranga kei roto. Kua haere tētahi hoa ki te rā tuwhera o Te Whare Wānanga o Waitaha, kua rongo kōrero mō ngā tuhinga Māori nō te rautau tekau mā iwa kei ngā whare pukapuka me ngā whare tiaki taonga kāore anō kia whakamāori noatia. Tipu ake ana te manawa reka i konā. Nā tōku ngākaunui ki ngā reo, me te mōhio ki ngā akoranga ahurea kei roto, ka tipu te matenui ki te ako i te reo o ōku tīpuna.

I ahau e whakauru ana ki te whare wānanga, kāore tōku hākui i te pai ki tāku ako i te reo Māori – hei tāna, e kore au e whiwhi mahi mā tērā ara. Ki a au nei, ka tipu ake tēnei i tōna ngākau atawhai, i tōna kūare hoki mō ngā rawa ahurea ka riro mai mā te ako i te reo Māori. Engari, ka tautoko mai a Pāpā. Ka upoko mārō au ki tēnei ara ako. Ka whakauru au ki te BA, ko ngā akoranga Māori te kaupapa matua.

Nō muri mai i taku tau tuatahi ki Waitaha, ka whakawhiti au ki Te Whare Wānanga o Ōtākou i Ōtepoti. Ka ako au i reira i tōku whakapapa me tōku tuakiri hei wahine Kāi Tahu. Ka ako au i ngā kōrero mō te tāmitanga a tauiwi ki Te Waipounamu, ka whai mōhio ki ngā kaupapahere whakatoihara a te kāwanatanga tauiwi i ngāhorohoro ai tō mātou tino rangatiratanga i kī taurangitia i te Tiriti, me te aha ka ngaro te whenua me te āhei o ōku tīpuna ki te noho ora i runga i ō rātou ake whenua. I taku tau tuatoru, ka tito au i tētahi waiata e whai whakaaro ana mō te āhua o tōku oranga kua kore tēnei mea te tāmitanga i tūpono mai:

I kā rā o mua, I would know my place
in my tīpuna's time, I would know my face.
Things would not be easy, but they would be clear.
We'd change as seasons change
we had our atua to steer.[1]

I went to Lincoln High, but I had missed the opportunity to sit the grading tests to put me into the academic stream. Although I'd done well at primary school, the principal placed me into the lowest class. I put it down to being Māori, even if I was just 'part' Māori! At Lincoln High te reo Māori wasn't always available, so I ended up taking French and Japanese. There were only ever two or three of us children of Māori descent in my classes at school. At the end of my seventh-form year, I had to choose an item that represented something about me to put into a time capsule. I chose a Māori doll that I'd had since I was six years old, bought while we were on holiday in Rotorua.

When I finished high school I knew that I wanted to learn more about te ao Māori and my role within it. A friend had been to an open day at the University of Canterbury, where she'd learnt about the many nineteenth-century Māori manuscripts held in various libraries and archives that needed people to translate them. That piqued my interest. With my love of languages, and an understanding of the cultural insights that they contain, it made me hungry to learn the language of my ancestors.

When I was enrolling at university my mother wasn't too keen on me doing Māori – she said it wouldn't get me a job. I think this came out of a feeling of protection, but also a lack of understanding about the cultural wealth that learning te reo Māori would bring. Dad was supportive, though, and I was adamant that it was something I had to do. I enrolled in a BA, majoring in Māori studies.

After my first year at Canterbury I headed down to Otago University in Dunedin. There I learnt more about my history and identity as a Kāi Tahu woman. I studied accounts of colonisation in the South Island, and I learnt about the racist settler-government policies that eroded our tino rakatirataka that had been guaranteed in Te Tiriti, and how this had led to land loss that robbed my tīpuna of the ability to live and prosper on their own whenua. In my third year, I wrote a waiata that contemplated what my life would have been like if colonisation had not happened:

> *I kā rā o mua, I would know my place*
> *in my tīpuna's time, I would know my face.*
> *Things would not be easy, but they would be clear.*
> *We'd change as seasons change*
> *we had our atua to steer.*[1]

Ahakoa taku ako haere i te reo me ngā tikanga Māori, ka tipu tonu te pātai i roto i a au, Ko wai ahau? Me Māori tonu tōku āhua ki te tū au hei Māori? Ka whakakore au i tōku kāwai Pākehā mā te tū hei Māori? Nāwai rā ka whakatau au, nā tōku whai tīpuna Māori, ka taea e au te kī ake nōku tonu tēnei tuakiri. Ka tae ki te wā, ka mōhio noa au, he mea tika mōku. Nō muri mai i ngā tau e rua ki Ōtepoti, ka hoki au ki Ōtautahi ki te whakaoti i taku tohu paerua i reira.

Kātahi anō au ka tino ruku ki tōku Kāi Tahutaka, te iho o te tū hei tangata Kāi Tahu. Ka whakaara au i tētahi pēne, ka tito au, ka whakatangitangi hoki i ngā waiata i ngā reo e rua. Ko tēnei te tīmatanga o tāku mahi puoro, he mahi e tipu ai taku tuakiri hei wahine Māori i roto i ngā tau. Ka whakauru haere hoki au ki ngā mahi o tōku marae. Ka whakaaro te hapori ki Ōnuku ki te waihanga whare tipuna, he mema tōku pāpā o te komiti whakapapa. Ka tae atu au ki ngā hui, ka āwhina ki te taha whakapā me te whakahaere wānanga, ā, mō tētahi wā i noho au ki te komiti marae hei hekeretari. Ka whiriwhirihia a Pāpā hei tumuaki o te marae, nō muri mai ka riro i a ia te tūranga o te Upoko – he tūranga whai mana.

I te puku o ngā tau 1990 ka tīmata au ki te Whare Pukapuka o Macmillan Brown hei Kaiāwhina Māori – he tūranga i hangā mōku ake. I a au i reira, ka tae atu au ki tētahi hui reo rumaki ki te marae o Taumutu, kotahi wiki te roa. Ko te wā tuatahi tēnei ka kōrero au i te reo Māori anake mō te wiki katoa, i te mutunga kāore au i te pīrangi kia mutu. Ka hoki au ki te kōrero Pākehā, ka hē i roto i tōku waha – me he reo kihikihi i te wā o te raumati! I taua hui anō, i homai tētahi o ngā kaiako i te ingoa Ariana ki a au kia pai te rere o te reo i roto i te taiao rumaki – he ingoa āhua tata ki a 'Leanne', e ai ki te kaiako. He pai ki a au tēnei ingoa, a Ariana, ā, i tētahi tau o muri mai, ka whakawhiti ā-ture au i tōku ingoa. I runga i tāku huringa ki a Ariana, kua riro i a au he wāhanga anō o tōku tuakiri wahine Māori.

Even though I was learning more about te reo and tikaka Māori, I still questioned who I was. Do I have to look Māori to identify as Māori? Am I denying my Pākehā ancestry if I claim to be Māori? Eventually I decided that because I have Māori ancestors I am entitled to claim this identity. I came to the point where it just felt right. After two years in Dunedin I moved back to Christchurch and finished my degree there.

Now I really embraced my Kāi Tahutaka, the essence of being Kāi Tahu. I formed a band and started writing and performing songs incorporating te reo Māori. This was the beginning of a musical career within which I would grow in my identity as a Māori woman. I also became more involved at my marae. The community at Ōnuku was planning to build a whare tipuna and my dad was on the whakapapa committee. I attended hui, helped with communications and organised events, and for a while I was secretary of the marae committee. Dad was appointed chairman of the marae, and later he was acknowledged as the Upoko – a position of great honour.

In the mid-1990s I started working at the Macmillan Brown Library as Māori Library Assistant – a role that was created for me. While I was there, I attended a week-long reo rumaki, a Māori language immersion hui at Taumutu marae. It was the first time I had ever spoken te reo continuously for a whole week, and at the end of it I didn't want to stop. When I started speaking English again it felt foreign inside my mouth – so sibilant, like speaking in the midst of cicada song in summer! At that same hui, one of the kaiako gave me the name Ariana to keep the flow of the reo in the immersion environment – it was the closest name to Leanne that she could think of. I liked the sound of Ariana and a few years later I changed my name by deed poll. By becoming Ariana I had taken another step in reclaiming my identity as a Māori woman.

I taua takiwā, i tonoa ahau kia tū hei kiripuaki matua o tētahi kiriata mō tētahi wahine pūhou ka whai mārama haere ki tōna tuakiri. I te kiriata, i a ia e taha ana i tētahi whakairo Māori i te whare toi, ka maumahara ia ki tētahi pāmamaetanga mai i tōna tamarikitanga. Ka whakahaua ia kia whakamutu i te mahi whakairo nā te mea he kōtiro ia. Ka pohewa ia, kei te oma ia i roto i te ngahere, he tīwanawana tōna āhua. Ka oma ki muri i te rākau, kia puta ia ki tua, kua mau kahu huruhuru, ā, kua tāngia ia ki te moko kauae. He āio tōna āhua. I tōna putanga atu i te whare toi, ka kite ia i tōna whakaata ki te karaehe o tētahi whakaahua, kei reira tonu tōna moko.

Mō te roanga o taua rā e mahia ana te kiriata, ka noho te moko tuhituhi ki tōku kanohi. Kei te maumahara tonu au ki te wairua o taua rā – te mahi noa i āku mahi, te hoko kawhe ki tētahi whare kawhe i te Pūtahi Toi, e mau ana i tōku moko kauae. I tū rangatira ahau.

Around that time, I was asked to play the main character in a film about a young woman coming to terms with her identity. In the film, the young woman is walking past a Māori carving at an art gallery, and it triggers a memory of a traumatic moment in her childhood when she was told to stop carving because she was a girl. She imagines herself running dishevelled through a forest. She runs behind a tree and when she comes out the other side she is wearing a feather cloak and her face is adorned with moko kauae. She looks at peace. As she walks out of the gallery she catches a glimpse of her reflection in a glass picture frame, and in the reflection she still has her moko.

For that day of the filming I kept the drawn-on moko on my face. I still remember the feeling of it – just going about my day, getting a coffee at a café at the Arts Centre, wearing my moko kauae. I felt powerful.

'Mihi Tikao nō Wairewa'—Te moko me te whakapapa

E ai ki tētahi kōrero orokohanga nō te tonga mō te tā moko, kua moe te korokē nei, a Tama, i tētahi wahine ātaahua, a Rukutia. Ka tae mai te rangatira pūrotu nei, a Tūtekoropaka, ka hinga katoa a Rukutia, ka tahuti ia i tōna taha. Ka tino pōuri a Tama, ka huri tōna āhua ki te kōtuku; ka rere atu ia ki ōna tīpuna, ka tāngia e rātou tōna kanohi ki te moko. Engari, nō te horoitanga, ka rerehu haere tēnei moko. Kāore a Tama i te pai ki tēnei āhua, ka tonoa ia e rātou ki ngā tīpuna kē e mōhio ana ki te hanga i ngā whakairo pūmau ki te kiri. Ko tēnei te karakia ka tākina e ngā tīpuna i a rātou e whakahaere ana i te tānga o te moko:

Ehara i [a] au, nā te uwhi, nā te parapara, nā te whakarehua,
Pōuri ana mai, pōtako ana mai,
Tāna ka hiwa, ka hiwa hoki au
Kai wai rā koia.[2]

I a mātou e tamariki ana, ka akoako mai tō mātou pāpā i te wāhi nui ki te whakapapa. Ko te whānau Tikao he whānau matararahi o Kāi Tahu, nōna ngā tīpuna i mahi mō te hapori whānui, ka whakapau kaha ki te pupuri i ngā whenua tīpuna me ngā mōtika ki ngā rawa Māori pērā i ngā mahinga kai. Nā Pāpā anō āna pīkaunga nui, inarā i tōna kaumātuatanga, ki te mahi mō te marae o tōna hākui, mō tō mātou iwi hoki. He kawenga nui kei tō mātou whakapapa; ka āta ākona mai e Pāpā – inarā mā āna mahi – he mahi nui tā mātou hei whai i ngā tapuae o ō mātou tīpuna.

I a au ka whakaaro ki te moko kauae mōku, ka aro atu au ki tō mātou whakapapa. Ka tū whakarae ngā kōrero mō ngā tīpuna tokorua me ō rāua moko, mō Tāua Hakeke rāua ko tāna tama, a Piuraki.

'Miss Tikao from Little River'—Moko and whakapapa

In a southern origin story for moko, the rough and ready Tama was married to a beautiful woman named Rukutia. When the very handsome and refined Tūtekoropaka arrives one day, Rukutia is smitten and she runs off with him. Tama is distraught and turns himself into a kōtuku; he flies off to his ancestors, who paint a moko on him. This moko, however, washes off. Tama is not satisfied with that, so they send him to other ancestors who are skilled in creating permanent skin markings. This is the chant the tīpuna recite while conducting the tā moko ceremony:

> *Ehara i [a] au, nā te uwhi, nā te parapara, nā te whakarehua,*
> *Pōuri ana mai, pōtako ana mai,*
> *Tāna ka hiwa, ka hiwa hoki au*
> *Kai wai rā koia.*[2]

As tamariki, our dad drummed into us the importance of whakapapa. The Tikao whānau are a prominent Kāi Tahu family with ancestors who worked on behalf of the wider community, trying to hold on to tribal lands and the rights to traditional resources such as mahika kai. Dad placed a lot of pressure on himself, particularly later in life, to work on behalf of his mother's marae and our iwi. Our whakapapa carried responsibilities, and Dad impressed on us – mainly through his own actions – that we had a lot to live up to.

When I was considering receiving my moko kauae, I looked to our whakapapa. The stories of two ancestors and their moko stood out to me: Tāua Hakeke and Hakeke's son Piuraki.

Ko tōku tipuna a Piuraki.

My great-great-uncle Piuraki.

'Mihi Tikao nō Wairewa': He whakakitenga mīharo.
'Miss Tikao from Little River': A mysterious revelation.

Ko Tāua Hakeke te hākui o tōku tipuna a Pukurau (Tāmati Tikao). Ka moe a Hakeke i a Tauporiotū, tokotoru ā rāua tama (e mōhiotia ana): ko Piuraki, ko Pukurau me Wharerākau. I whānau mai a Hakeke i ngā tau whakamutunga o te rautau tekau mā waru, he tātai whakapapa ōna ki te hapū nei a Kāti Hāteatea, he hapū pupuri mātauranga, he hapū whai tohunga.

Ki tō mātou mōhio, he mataora tō Tāua Hakeke. E ai ki tana mokopuna, a Teone Taare Tikao, he 'moko pōkere' te momo o te moko e whakarākei ana i tō Hakeke kanohi, ko te tikanga, he tino kerekere te moko, ka uhi katoatia te kanohi. E ai ki te pūkenga mātauranga momo tangata, a Horatio Robley, tae atu hoki ki ētahi atu, ka kitea tēnei tūmomo mataora ki ngā wāhine o Kāi Tahu: 'Hei tāpiri atu, ka kōrero a Mr Tregear mō ētahi wāhine nō Te Waipounamu e mau ana i te mataora rite tahi ki ngā tāne. Engari me uaua ka kite i tēnei āhuatanga.'[3] Ka tautoko te pūkenga tāhuhu kōrero toi, a Ngarino Ellis, i te mau mataora o ngā wāhine Māori o te tonga: 'He wāhi anō, ka uhi katoatia ngā kanohi o ngā wāhine rite tahi ki ngā tāne, hei tautohu i tōna ariki tapairutanga, i tōna tino tapu anō hoki.'[4] Ko Terehaka, nō Kaikōura, te tohunga tā moko nāna anō a Tāua Hakeke i tā. I hiahia whānuitia ōna pūkenga: e ai ki ngā kōrero, ka mahi ia ki ētahi tōpito o tō mātou takiwā, tae atu ki Arowhenua, pātata atu ki Timaru – e 320 kiromita te tawhiti atu.

He oranga whakatatara nui tō Hakeke. Nō muri mai i ngā whawhai ki a Ngāti Toa e hia marama te roa, ka mauheretia tāna tāne a Tauporiotū i te hinganga o te pā o Kaiapoi i te tau 1832. Ko te āhua nei, ka mauheretia hoki a Hakeke rātou ko āna tamatāne i tēnei wā. Ki tā James Heberley, he kaipatu tohorā e noho ana ki Kura-te-au, i kite ia i te kahupapa e 60–70 ngā waka me ngā tāngata 2000 ki runga, e 500 o ērā he mauhere.[5] Kei te whakapono ahau, ko tōku whānau ētahi o ngā 500. E ai ki tō mātou pōua, a Teone Taare Tikao, ka puta whakarere a Hakeke i te waka ki Kaikōura, ka haere i te taha o ētahi atu rerenga ki Ōtākou. Ka kī mai te kaihītori ā-iwi, a Te Maire Tau, ko te āhua nei ka noho ia ki Wharauwerawera i Pūrākaunui, kua tanumia hoki ia ki reira.

Ki a mātou ngā uri, ko tō mātou Tāua Hakeke, he tauira pono o te kaha. Ka tapaina tō mātou kākahu whānau ki te ingoa Te Wharauwerawera mō te wāhi i whakahaumaru rā i a ia. Ka whakakākahuria mātou e Te Wharauwerawera ki tōna mana me tōna parahau i ngā wā whai tikanga ka kuhu mātou i te kākahu. Kei a au hoki tētahi nguru kua tapaina mōna, e whakanui ana i ngā kōrero mōna me tōna māia. Koia nei tētahi wahine Māori whai mana, mātātoa kei tōku kāwai, e mau mataora ana.

Tāua Hakeke was the mother of my great-great-grandfather Pukurau (Tāmati Tikao). Hakeke married Tauporiotū and they had three sons (and possibly others): Piuraki, Pukurau and Wharerākau. She was born around the late eighteenth century and had whakapapa links to the hapū Kāti Hāteatea, who were known as knowledge holders and tohuka.

We believe that Tāua Hakeke had a full facial moko. According to her grandson Teone Taare Tikao, the type of moko that Hakeke was adorned with was called 'moko pōkere', which means dark moko, or entirely covered in moko. The ethnologist Horatio Robley, among others, noted that such mataora were seen on Kāi Tahu wāhine: 'I may mention here that Mr Tregear speaks of some women in the South Island as being tattooed on the face like men. But this was very rare.'[3] Māori art historian Ngarino Ellis corroborates this idea about southern Māori women with full-face moko: 'In some areas women had their full face covered in moko as that of men, to identify them as being very high-born and to be revered.'[4] Tāua Hakeke's tohuka tā moko was Terehaka from Kaikōura. His skills must have been called on far and wide: I have seen references to him working in other parts of our takiwā, including in Arowhenua, near Timaru – 320 kilometres away.

Hakeke had a tumultuous life. After months of fighting against Ngāti Toa, her husband Tauporiotū was captured when the Kaiapoi pā fell in 1832. It is likely that Hakeke and her sons were also captured at this time. James Heberley, a whaler based in the Marlborough Sounds, described seeing a fleet of 60–70 waka with around 2000 people on board, including 500 captives.[5] I believe my whānau were among those 500. According to our pōua, Teone Taare Tikao, Hakeke escaped overboard at Kaikōura and journeyed with other escapees to Ōtākou. Tribal historian Te Maire Tau has told me she probably settled at Wharauwerawera, Pūrākaunui, and it is likely that she is buried there.

We descendants see our Tāua Hakeke as a true symbol of strength. Our whānau kākahu Te Wharauwerawera is named after the place that gave her shelter. Te Wharauwerawera now cloaks us in her mana and protection whenever we wear the kākahu for important occasions. I also have a nguru that is named after her and which commemorates her kōrero and her bravery. Here was one powerful and adventurous Māori woman in my whakapapa line, with a full moko.

He rōpū wāhine ki Rāpaki.
Group of wāhine at Rāpaki.

Ko te tama a Hakeke, a Piuraki (ko Hone Tikao, ko John Love he ingoa anō ōna), he tangata pūrākau anō i roto i tō mātou whānau. I noho mauherehere ia i te taha o tōna whānau ki te motu o Kapiti mō ngā tau maha. Ka wetekina rā anō rātou, ka whiwhi mahi a Piuraki ki tētahi kaipuke patu wēra i rere atu ai ia ki Ūropi, ā, i reira ia ka ako ki te kōrero i ētahi reo. I tōna hokinga mai, ka mahi pāmu ki ētahi wāhi o Horomaka, tae atu ki a Wakaroa (te wāhi e kīia nei ko Pigeon Bay).

Ka tuhituhi te kaihītori, a James Cowan, e ai ki tōna kaikōrero, a Teone Taare Tikao, i tāngia a Piuraki ki tētahi taha noa o tōna kanohi: 'He mea kē o te āhua o tōna kanohi, ko tōna moko kāore i whakaotia. Kua tāngia noatia ia ki te koroaha kotahi noa iho . . .'[6] Engari, kei tētahi whakaahua o Piuraki ka kitea ngā tauira o tōna moko ki ngā taha e rua o tōna kanohi, engari ki te tāmoremoretanga anake. I te mutunga iho, kāore e mōhiotia ana mehemea i tāngia ia ki te moko ki tētahi taha anake o tōna kanohi, ki ngā taha e rua rānei, engari ki te tāmoremoretanga anake o tōna kanohi, pērā ki te whakaahua nā te ringatoi Wīwī, a Charles Meryon (tirohia wh. 24).

Ka tū a Piuraki hei manukura mō ō mātou hapū o Kāti Irakehu, o Kāi Te Kahukura, o Kāi Tūāhuriri anō hoki. I te hainatanga o te Tiriti o Waitangi ki Ōnuku i Mei 1840, ka whakaahuatia ia e te āpiha kāwanatanga, a Thomas Bunbury, 'he Māori koi te hinengaro, tau ngā kākahu', ka pai ake tāna kōrero Pākehā i tā ngā rangatira atu kua tūtakihia e ia.[7] Nō muri mai, ka whakahē a Piuraki ki te wāhi kino ka whakaritea mō rātou i roto i ngā whiriwhiringa whenua, ka kīia ia he tangata mārehe. Ka heke mātou i te teina o Piuraki, i a Tāmati Tikao, i tū hei rangatira mō tōna iwi i muri mai i te matenga wawe o Piuraki.

Mai i ngā tauira o Tāua Hakeke me tāna tama, a Piuraki, i puta mai te mōhiotanga ki a au, ko tēnei mea te moko he wāhanga o tōku whakapapa. Ka tipu te hiahia i roto i a au ki te kite i ngā kōrero atu hei hāpai i tōku whai māramatanga ki te moko kauae, inarā ki Te Waipounamu.

E rua ngā tau i mua, ka kite au i tētahi tipuna nō ngā tau āhua tata ake ki te Pūranga o Ngāi Tahu, ka whakaahuatia pēnei: 'Mihi Tikao nō Wairewa, e mau ana i te korowai'. Nōhea ahau i kite noa i ngā whakaahua o tō mātou whānau tata e mau moko kauae ana. Nā tēnei whakaahua, ka taka te whakaaro i roto i a au: tērā pea ko tēnei mea te moko kauae me whai whakaaro hei mea mōku.

Hakeke's son Piuraki (also known as Hone Tikao or John Love) is another legendary figure in our whānau. He lived as a mauherehere with the rest of his whānau on Kapiti Island for many years. Once they had been freed, Piuraki worked his way to Europe on a whaling ship and, while there, he learnt to speak several languages. On his return he farmed at various places around Horomaka, including in Wakaroa (now known as Pigeon Bay).

Historian James Cowan wrote that, according to his informant Teone Taare Tikao, Piuraki had a moko on only one side of his face: 'A curious item in his facial appearance was his half-finished tattoo. He was "moko'd" in the blue spirals and wrinkle following lines on one cheek only ...'[6] However, there is an image of Piuraki with moko on the lower half of his face. It is unclear whether he had moko on only one side of his face, or on both sides but only on the lower half, as shown in the drawing by French artist Charles Meryon (see p. 24).

Piuraki became a leader in our hapū of Kāti Irakehu, Kāi Te Kahukura and Kāi Tūāhuriri. At the signing of the Treaty of Waitangi at Ōnuku in May 1840, government official Thomas Bunbury described him as 'a very intelligent well-dressed native' who spoke better English than any other rangatira he had met.[7] Later on, when Piuraki objected to the poor deal they were to receive in land negotiations, he was labelled a troublemaker. We descend from Piuraki's brother Tāmati Tikao, who became a tribal leader after Piuraki's early death.

From the examples of Tāua Hakeke and her son Piuraki, I learnt that moko was a part of my whakapapa. I was interested in finding more kōrero to support my understanding of moko kauae, particularly in Te Waipounamu.

A couple of years ago I discovered a more recent tipuna in the Ngāi Tahu Archive, described as: 'Miss Tikao from Little River, wearing a korowai'. I had never seen any images of wāhine from our immediate whānau with moko kauae. It was this picture that got me thinking: maybe a moko kauae was something that I could consider.

He mea mīharo ki a au te āhua o tō Mihi Tikao moko. He uaua te āta kite i tōna tauira, engari he āhua ōrite ki ō ngā toi ana o te tonga. Ko te āhua nei, ko ēnei tauira nō ngā tāngata tuatahi i nohonoho ki Te Waipounamu, nō ngā tīpuna o Waitaha, o Kāti Māmoe rānei. He mea whai tikanga ki a au tōna mau moko me ēnei tūmomo tauira i taua wā anō – i ngā tau tuatahi o te rautau 1900 pea. Ki a au nei, he tohu mana motuhake mō tōna tuakiri hei wahine Māori o te tonga.

Ka āta whakaaro au, ko wai hoki tēnei 'Mihi Tikao'? He tīwhiri pea kei tētahi whakaahua o tētahi rōpū o ō mātou tīpuna wāhine (tirohia wh. 29). Ko te wahine ki te mauī o te whakaahua, ko Mihiata Te Ururaki, i whāngaihia e tō mātou pōua, a Teone Taare Tikao. Nō Waihao tūturu ia, he takiwā tērā e kite nuitia ana ngā wāhi toi ana ā-iwi. Tērā pea ko ia tonu te 'Miss Tikao' ka kitea i tērā atu whakaahua, nā te mea ko Tore Tikao he ingoa kārangaranga mōna.

He mea whakamīharo, ko ia te 'Nan Tore' nāna tōku ake pāpā i whāngai. Kāore a Pāpā i whāki mai mō tōna moko kauae, engari pea kua rerehu haere, kua tata ngaro. I ngā whakaahua o muri mai, tae atu ki tēnei, ko te āhua nei kāore ōna moko, engari kāore i te tino mārama ngā whakaahua. Tērā pea kāore taku pāpā, i tōna itinga, i āta kite i tēnei āhuatanga; tērā pea he wāhanga māori noa ōna.

Ka kī mai tētahi wahine i tūtaki rā au ināia tata nei, kāore i aha noa tāna mokopuna i tōna kitenga tuatahi i tōna moko kauae hou. Hei tāna, kua mōhio tāna mokopuna ki tōna moko mai rā anō, koinā te take kāore i urupare noa tāna mokopuna, ahakoa kātahi anō tōna moko kauae ka tāngia. He pai ki a au te whakaaro, i tipu mai tōku pāpā i raro i te maru o Nan Tore me tōna moko kauae.

I was struck by the āhua of Miss Tikao's moko. It is difficult to see the definition of the pattern, but it reminds me of southern rock art patterns. These patterns are likely to be from earlier waves of occupation of Te Waipounamu, by Waitaha or Kāti Māmoe tīpuna. It seemed significant to me that this wahine was wearing her moko with these distinctive designs at the time the photograph was taken – around the early 1900s, at a guess. It felt to me like a mark of resistance, and of pride in her unique identity as a southern Māori wahine.

I wondered who 'Miss Tikao' might be. A photograph of a group of our tīpuna wāhine may hold a clue (see p. 29). The woman on the left in the photo is Mihiata Te Ururaki, whom our pōua Teone Taare Tikao brought up as a whāngai. She originally came from Waihao, which is a rohe where many of our tribal rock-art sites are found. It's possible that she is the 'Miss Tikao' in the other photograph, as she was also known as Tore Tikao.

In a beautiful alignment, she was the Nan Tore who whāngaied my own father. Dad never mentioned that she had a moko kauae, but possibly by then it had faded and was not as visible. In later photographs of Nan Tore, including this one, there appears to be no moko although the photographs are not that clear or focused. Perhaps, as a young child, my dad may not have noticed it so much; perhaps it was just an integral part of her.

A woman I met recently said that her mokopuna didn't bat an eyelid when they first saw her with her freshly created moko kauae. She believes that her mokopuna had always known it was there, and this is why they showed no reaction when it had been created in physical form. I like to think that my father had grown up under the watchful eye of Nan Tore and her moko kauae.

Ngā whakaaro whakatete mō te moko

I te Hune o te tau 2020, i te taraiwa ake a Ngahina Hohaia, he ringa toi ataata, he wahine mau moko kauae hoki, ki te taunga waka i te maunga o Ōwairaka, i Tāmakimakaurau. Ka kite ia i te kurī e oma herekore ana i te taha o tōna waka. Ka tonoa te wahine nōna te kurī kia herea tāna kurī, engari ka kape mai tērā wahine, ka puta ngā kupu whakaparahako mō Ngahina, e whakahāwea ana i tōna tū hei wahine mau moko kauae, ā, ka pā hoki te ringa o te wahine nei ki a ia.

I Aotearoa nei i tēnei wā, he nui ngā whakaaro whakatete mō tēnei mea te moko. Ki tāku nei titiro, ko te nuinga e tautoko ana i te whakarauoratanga o te mahi moko, otirā he hunga iti, he reo kaha tōna, kei te tōpito o te taha matau, e whakawehia ana pea e ngā wāhine e tū whakahīhī ana me te mau moko kauae. I ngā rā tata nei, kua pā mai te rongo o ngā wāhine kua hawenetia, kua kapatautia ā-tinana, ā-ipurangi hoki, nō runga i te whakatau kia mau te moko ki te kanohi.

Ka nui tōku mamae mō Ngahina, ka tito au i te haka, ka tukuna atu ki a ia hei karere reo. Ko tēnei te huarahi pai rawa atu e tū ai au ki tōna taha. Anei ngā kupu o taua haka:

He aha tāu e whakaiti nei i te mana wahine?
I rere iho koe i te ara namu, te taiawa o hākui e
Nei rā te mana, kia whakawhānau mai
nō te pō ki te ao mārama
Tārehutia koe kia whiua mai ō kupu rūpahu e
Ka toa te wahine mau moko kauae, hei aha te tautauhea
Nōna te kaha o te tini me te mano, ngā atua wahine,
ngā tīpuna wahine, ngā reanga kei te heke
Kia mau, kia ita, kia ū
Tīhei mauri ora![8]

The politics of moko

In June 2020 Ngahina Hohaia, a visual artist and a wahine with moko kauae, was driving up to the carpark at Ōwairaka maunga in Auckland when she saw a dog running loose near her car. She asked the dog's owner to put her dog on a leash, but the woman refused: she called Ngahina 'one of those disgraceful idiots with mow-kows [sic] on their faces', and struck her.

In contemporary Aotearoa there are conflicting politics around moko. I think most people have a positive attitude to the revival of moko, but there is a small but vocal percentage of right-wing extremists who appear to feel threatened by Māori women wearing their moko kauae with pride. There have been other reports lately of wāhine who have been harrassed and threatened in person and on social media, based purely on their decision to wear moko on their kanohi.

I felt a lot of mamae for Ngahina, so I wrote a haka and sent it to her in a voice message. It felt like the best way for me to show solidarity. These are the lyrics to that haka (see p. 158 for translation):

He aha tāu e whakaiti nei i te mana wahine?
I rere iho koe i te ara namu, te taiawa o hākui e
Nei rā te mana, kia whakawhānau mai
nō te pō ki te ao mārama
Tārehutia koe kia whiua mai ō kupu rūpahu e
Ka toa te wahine mau moko kauae, hei aha te tautauhea
Nōna te kaha o te tini me te mano, ngā atua wahine,
ngā tīpuna wahine, ngā reanga kei te heke
Kia mau, kia ita, kia ū
Tīhei mauri ora![8]

Kua tūtaki kē a Ngahina ki ngā whakaaro whakatete mō te moko. Ka uru ia ki tētahi taukumekume a te marea mō te moko kauae. I te tau 2018, ka whakatau a Sally Anderson, he wahine Pākehā, e tika ana kia whakawhiwhia ia ki te moko kauae. Ka whakapakepake ia i tētahi ringa tā moko kia mahia, nō muri i te kapenga a ētahi atu. I taku pānuitanga i tētahi tuhinga pāpāho pāpori mō tēnei āhuatanga, nā Ngahina i tuhi, ka tāpirihia ōku whakaaro ki te tuhinga.

I mea atu au, ki tōku nei whakaaro, he nui rawa atu ngā mea kua tangohia noa i ngā wāhine Māori i runga i ngā mahi tāmitanga a tauiwi, ā, e rua noa iho ngā mea e toe ana ki a mātou, nō mātou anake: te karanga me te moko kauae. Koinei me pupuri noa ēnei mahi ki ngā wāhine e whai ana i te whakapapa Māori.

E rua ngā rā ki muri, ka whakaurua tōku ingoa ki tētahi pūrongo niupepa, ā, ka tākina tōku huatau nō Pukamata i te pāpāho auraki. Ka tumeke au ki tērā, engari ka mau tonu ki tōku tū. Ka ara te kaupapa hei taukumekume ā-motu.

He mea whakarapa ki a au te tū a ētahi tāne Māori, kāore rātou i te tautoko i tō mātou mōtika ki te whakatau tikanga mō mātou anō hei hapori wāhine Māori. Ko te tāne a Sally Anderson tētahi, a Roger Te Tai, hei tāna, he Māori ake tāna wahine i a mātou[9] – mātou ngā wāhine e whakapuaki ana i tō mātou mōtika hei pupuri i te moko kauae hei taonga mā ngā wāhine Māori anake.

Ngahina had encountered the politics of moko before, when she was involved in what became a public debate over moko kauae. In 2018 a Pākehā woman, Sally Anderson, decided that she was entitled to wear a moko kauae. She convinced a moko artist to do it for her, after being turned down by others. When I read a social media post about this, written by Ngahina, I added my thoughts to the post.

I commented that, to my mind, so much has been taken from wāhine Māori already as a consequence of colonisation, and that there are only two things left to us that are uniquely ours: karaka and moko kauae. This is one of the reasons why I think we need to keep these practices only for wāhine with whakapapa Māori.

A couple of days later my name was mentioned in an article in the newspaper, and my comment on Facebook was quoted in the mainstream media. I was surprised about that, but I stood by what I had said. The kaupapa blew up into a nationwide debate.

It was unfortunate that some Māori men did not support our right to make decisions for ourselves as a hapori of wāhine Māori. This included Sally Anderson's husband Roger Te Tai, who made the claim that his wife was 'more Māori than you'll ever be'[9] – to us, the wāhine who were expressing our right to retain moko kauaue as a taoka for Māori women only.

Te whakatinanatanga i tōku moko

I te tīmatanga o Maehe, i te tau 2020, i uru au ki te kaupapa o Aoraki Bound – he kaupapa whakawhanake ahurea e whakahaeretia ana e Outward Bound, i te taha o Kāi Tahu. Kua whakaaro au i mua, kua tae mai te wā hei takahi māku i te huarahi hou. Mō te katoa o tōku pakeketanga, kua whai haere ahau i ngā mōhiotanga e pā ana ki tōku Kāi Tahutaka, engari mā te uru atu ki tēnei kaupapa, ka whai tūturu au i ngā tapuae o ōku tīpuna: te piki maunga, te ako ki te whakatere waka, te toro ki ngā wāhi toi ana, te haere mā te riu o Arahura, te mihi atu ki te atua o te pounamu, ki a Waitāiki, i tōna awa e rere ana ki te pito whakauta o te Arahura, me te piki i te Nonoti o Styx mā tētahi o ngā ara pounamu.

Ka tae au ki te tihi e taea ana e tōku tinana engari ka puta ki tua, me te pā o te mamae ki ōku waewae me ōku ua kōtore. Ka mōhio ahau, kia kaha te hinengaro, hei reira taea ai ēnei tū wero. I mōhio kē au ki tēnei nō ōku wheako o te whakawhānau tamariki, engari he whakamaharatanga pai tēnei.

Kua tae ōku tau ki te whā tekau mā iwa i te marama i mua o Aoraki Bound – rua tekau tau mai i te whānautanga o taku pōtiki, a Tama-te-ra. Kua mate tōku pāpā i te tau 2019, ā, i a au e takahi ana i ēnei ara tīpuna, ka kawea ā-wairua ia e au. I te rā whakamutunga, nō muri i te hoenga i te roanga o te roto o Pūkaki i runga i te waka ama me te oma ki tō mātou maunga ariki, a Aoraki, ka noho au, ka tangi mō tōku pāpā, mō tōku māmā hoki kua mate i ētahi tau o mua atu. He tohu tēnei o te wāhanga hou o tōku oranga hei tāua, hei ruahine rānei, ā tōna wā.

Nā te matenga o ōku mātua, ka ara ake ngā whakaaro mō tāku whakarerenga iho. Ki te whai mokopuna ahau ā tōna wā, ka pēhea te āhua o te ao e hiahiatia ana hei nohoanga mā rātou?

Bringing my moko to life

At the beginning of March 2020 I went on Aoraki Bound – a cultural development programme run by Outward Bound in partnership with Kāi Tahu. I'd been feeling like I needed a change. For the whole of my adult life I've been learning about my Kāi Tahutaka, but undertaking this programme meant walking in my ancestors' footsteps: climbing mountains, learning to sail, visiting rock art sites, following the Arahura River valley, greeting the atua of pounamu, Waitāiki, as her stream flows into the Upper Arahura, and walking up to the Styx Saddle on one of the pounamu trails.

I encountered and broke through my physical limits as my legs and glutes burned with pain. I realised that mental strength goes a long way on these kinds of challenges. I already knew this from my experiences of childbirth, but it was a good reminder.

I had turned forty-nine the month before starting Aoraki Bound – twenty years after giving birth to my youngest child, Tama-te-ra. I had lost my dad in 2019 and as I walked these tīpuna trails, I carried him with me in a spiritual sense. On the last day, after paddling the length of Lake Pūkaki in a waka ama and then running to our mauka ariki, Aoraki, I sat and had a cry for my dad, and for my mum whom I had lost a few years previously. It was the marking of a new phase in my life as a future tāua, or ruahine.

Losing my parents has made me think more about the legacy that I wish to leave behind. If I have mokopuna in the future, what kind of world do I want them to be born into?

I huri ngā tau o tāku tamāhine a Matahana ki te rua tekau mā tahi i te Maehe 2020, i te wā o te rāhui ā-motu tuatahi nō te Kowheori-19. Ko te mea aroha, kāore i taea e māua te kite ā-kanohi i a māua anō i taua wā, engari ka puta mai te hiahia o tōku whānau ki te hoko i tētahi koha māna. Ko te koha i kōwhiria e ia, ko tōna moko tuatahi.

Kātahi ka taka te whakaaro. Kei hea mai te pai ina whiwhi au i tōku moko kauae i te wā e whiwhi ana a Matahana i tōna tā moko?

I kite a Matahana i ngā mahi a Christine Harvey. Kua tūtaki kē māua ko Christine mā roto i te hapori Māori o Ōtautahi i a au e noho ana i reira. Nō Ngāti Mutunga o Wharekauri a Christine, he kaitoi ringarehe, he tohunga tā moko ia, ā, he whakaihuwaka i te whakarauoratanga o tēnei taonga tuku iho.

Ka puta mai te āmaimai i te tuatahi mō te whakapānga atu ki a ia. E tika ana taku tono? Ki te kape ia i taku tono, ka aha? Engari ka āta tautoko mai a Christine, ka hanga mahere māua. Ka tukuna atu ki a Christine te whakaahua o 'Mihi Tikao nō Wairewa' hei ariā hoahoa, me tētahi whakaahua anō o tētahi moko kauae pai ki a au i kitea i tētahi pakipūmeka. Ka whakarite māua i te rā.

He kaituhi, he ētita, he kaiwhakamāori anō hoki tōku hoa tāne a Ross. Nō Ngāti Toa, Ngāti Raukawa me Kāi Tahu ia, ā, mō ngā tau e ono, kua whakamāori ia i tētahi tuhinga haurongo mō Te Rauparaha nā tana tama a Tamihana i tuhi i te reo Māori. I tū te whakarewatanga o te pukapuka ki te marae o Rongomaraeroa i Te Papa Tongarewa, i te Paraire i mua i te tānga o tōku moko. He rā ātaahua, he rā whakahirahira mō Ngāti Toa, tae atu ki te tokomaha o ngā kaumātua i haere mai i Porirua, i wāhi kē atu.

I te ata o te Rāhoroi i rere mātou ki Ōtautahi mō te huranga o te kōhatu mō ōku mātua ki Rāpaki. He rā nui whakahirahira hoki tērā mō tō mātou whānau. Kua rua tau mai i te matenga o tōku pāpā, i te tau 2019; me tōku hākui, kua mate i te tau 2016. He rerekē te noho mātua kore, engari ko tēnei te ia māori o te oranga, tae atu ki te tuku i ngā tāngata e arohaina ana e koe kia hoki atu ki Hawaiki, ka tū ai hei tīpuna.

My daughter Matahana had her twenty-first birthday in March 2020 when we were living under the first Covid-19 lockdown. Unfortunately we couldn't see each other at the time, but members of my whānau wanted to contribute towards a gift for her. The gift she chose was getting her first moko.

That got me thinking. Wouldn't it be wonderful to get my moko kauae at the same time as Matahana received her tā moko?

Matahana discovered the work of Christine Harvey, whom I had met through the Māori community in Ōtautahi when we lived there. Christine, who is of Ngāti Mutunga o Wharekauri descent, is an accomplished artist and tohuka tā moko, and a true pioneer in the revival of this taoka tuku iho.

Initially I was nervous contacting her. Was I 'worthy'? What if Christine rejected my request? But Christine was very supportive and we made a plan. I sent Christine the photo of 'Miss Tikao from Little River' as a design idea, and also another image of a moko kauae I liked from a documentary. We set a date.

My hoa tāne Ross, who is a writer, editor and translator of Ngāti Toa, Ngāti Raukawa and Kāi Tahu descent, had spent six years translating a biographical manuscript about Te Rauparaha written in te reo Māori by his son Tamihana. The launch of the book was held at Rongomaraeroa marae in Te Papa Tongarewa, on the Friday before I was to receive my moko. It was a beautiful occasion and a great celebration for Ngāti Toa, including many kaumātua who travelled from Porirua and beyond to attend.

On the Saturday morning we flew down to Ōtautahi for the unveiling of my parents' headstone at Rāpaki. This was another momentous occasion for our whānau. My father had passed away two years earlier, in 2019; and my mother had died in 2016. It's been quite an adjustment to be without both parents, but this is the natural flow of life, which includes letting go of the ones you love so they can return to our ancestral homeland and go on to be tīpuna.

Mō te tānga i tōku moko i te Rātapu, kua whakaritea ki taku kaihana a Kelly kia noho mātou ki tōna whare. He āhua ōrite tō māua pakeke ko Kelly, ā, he hoa tata māua. Kei te whakaahuatia te whiwhi moko kauae hei whānautanga anō, hei whakahoutanga rānei. Ko Kelly tētahi o ōku pou tautoko i te whānautanga mai o Matahana, nō konā he mea tika te noho ki tōna whare, ka mahi ai i tēnei kaupapa ka ara ake i ngā tīpuna me ngā mokopuna. I tono atu hoki au ki ētahi o ōku hoa tata me ōku whanaunga. I te mea ko tēnei te wā tuatahi i roto i ngā whakatipuranga kia whakatūria te tānga moko kauae i waenganui i tō mātou whānau, ka tino hiahia au kia tae mai ngā kōtiro āhua pakeke ake hei mātakitaki ki ngā mahi.

Kua tae atu a Matt, te kaihana o Ross, ki te whakarewatanga pukapuka ki Pōneke i te pō o te Paraire, kua hoki tahi mātou ki Ōtautahi i te Rāhoroi. I a mātou e wehe ana ki te taunga waka rererangi, ka ui hāramuramu atu au ki a ia mō tāna mahi hei te ata o te Rātapu, ā, mehemea ia ka pai mai ki te tango whakaahua o te tānga i tōku moko. I tū a Matt hei kaitango whakaahua ki tō māua ko Ross mārenatanga, ā, kua whai hoki ia i tōna ake huarahi ki te mau moko. Taku hia pai pea ki te tono, i te poto o te wā, engari hei aha. Ka kī mai ia, māna taku tono e whakaaro, ka kī atu au, 'e pai ana, ahakoa pēhea'. Nō muri mai, i taua rā tonu, ka kī mai, ka tae atu ia.

Kua whakatikahia e Kelly te rūma noho o tōna whare ki Te Kōrerokaroro, e pātata ana ki ngā kāinga o ōku whāea kēkē i torohia e au i a au e tamariki ana. Ka tae atu mātou i te iwa karaka i te ata. Kei reira kē a Christine me tāna tamāhine, i te whakarite rāua mō te tānga moko. He hautonga e pupuhi ana ki waho, e ua ana hoki, engari i te mahana mātou i te rūma, e awhitia ana e te aroha.

Ka tīmata ngā hoa me ngā whanaunga ki te taetae mai, ko ētahi e mau kē ana i te moko kauae me te mataora. Ko ētahi kua hari mai i ngā taonga puoro hei whakatangitangi. Hui katoa, rua tekau mātou. Kua tau te wairua i roto i te whare, he ngāwari hoki te āhua o ngā tāngata.

Ka takoto au ki te tēpu a Christine, ka tīmata ia ki te tuhituhi i te hoahoa mā te pene whītau ki tōku kauae: ka haere tēnei mahi mō te hāora kotahi, neke atu rānei. I te kōrerorero, i te katakata, i te waiata te hunga tautoko. Ka oti tana mahi, ka whakatika au, ka titiro ki te hoahoa, ka whakaatu atu ki te rōpū. Kua kī atu au ki a Christine, ka whakapono au ki a ia, me tana tukanga auaha. I a ia e tuhituhi ana, ka kōrero atu au ki a ia mō ngā mokomoko e rua kei taku moe nāku anō i tiaki, me te piki mai o te taurawhi ki tōku kanohi. I te mutunga iho, ka whakauru a Christine i tēnei ki tōku moko, ka kitea i te hiku kei raro o te moko.

For the moko ceremony on the Sunday I had arranged with my cousin Kelly that we would base ourselves at her whare. Kelly is not much older than me, and we've always been close. Receiving moko kauae is sometimes described as being like a rebirth, or a renewal. Kelly was one of my support people at Matahana's birth, so it was perfect to be able to have a space in her whare to undertake this tīpuna- and mokopuna-inspired kaupapa. I also invited some of my close friends, and a few people from my wider whānau. It was the first time in generations that we would have a moko kauae ceremony in our whānau, and I especially wanted the older girls to witness the event.

Ross's cousin Matt had attended the book launch in Wellington, and he flew back with us to Christchurch the next day. As we parted ways at the airport, I casually asked him what he was doing the following morning, and whether he would be interested in taking photos of the moko ceremony. Matt had been the photographer at our wedding, and he had undertaken his own process of receiving moko. I felt a bit cheeky, considering it was the next day, but I thought it was worth a shot. He said he'd think about it, and I told him 'no pressure'. Later that day, he told me he'd be there.

Kelly had set up the lounge in her whare in South Brighton, not far from where I used to go and stay with my mother's sisters as a child. We arrived at around nine in the morning. Christine and her daughter were already there and were making preparations for the ceremony. There was a rainy southerly that day but we were cosy, surrounded by aroha in the room.

Friends and whānau started arriving, some already adorned with moko kauae and mataora. Several brought taoka puoro to play. All up there were about twenty people. It was a calm and relaxed atmosphere.

I lay down on Christine's table, and she began drawing the design directly onto my chin in felt pen: this took just over an hour. There was chatting, laughter and some waiata among the support crew. When she had finished, I stood up, had a look at the design and showed the others. I had told Christine I trusted her to go with her own creative process. While she was drawing I told her the story of the two mokomoko that were under my care in my dream, and how the male had climbed up to my face. In the end Christine incorporated this into the design, as seen in the tail at the bottom of the moko.

Ka karakia mātou, kātahi ka puta haere mai te moko ake ki te ao mārama. Kāore au i te mōhio pū ki te āhua o te mamae ka ara ake – engari me taku whakaaro anō mā te āta hāhā, ka pai. He mārū te āhua o tā Christine mahi, ka mahi mārire tāna kōtiro a Tamaahine i tōna taha. Mō ētahi wāhanga he kaha ake te rongo i te mamae, engari i pai te nuinga. Engari ko te mea kē, ko te whai tikanga o tēnei ritenga hōhonu rawa, me taku herenga tūturu kia tū au hei tangata hou.

He moe tāku i ētahi wiki i mua atu, ka kitea au e maranga ana i taua wā, ka kite atu hoki i tōku moko. He kākāriki te tae. Ka tīmata ia ki te āta nekeneke pērā i tētahi momo pakiwaituhi, ko ōna tauira e whakawhiti ana, e kapakapa ana hoki. Te ātaahua hoki.

Nō te otinga o ngā mahi a Christine, ka matike au i te tēpu, ka haere huri noa i te rūma, me te hongi ki tēnā tangata me tēnā. Maringi noa ngā roimata. He wā whakaihiihi, kikī tonu i te aroha. Ka tū au ki mua i a Uncle Bob, te pāpā o Kelly, ko ia te mōrehu teina o tōku pāpā, ka pērā i te tū me tōku ake pāpā – ka rongo au i te kaha o tāna tautoko me tōna tū whakahīhī.

Ka kite au i ngā kanohi whakamīharo o āku tamariki me ō rātou kaihana, āku irāmutu. Kua eke tō mātou whānau ki tētahi taumata anō o te tukanga wetewete tāmitanga – o tō mātou haerenga kia tū anō mātou hei iwi taketake, hei tangata tūturu. Kei te taumanu mātou i ngā tohu o ō mātou tīpuna, o Tauporiotū rāua ko Hakeke, o Piuraki, o 'Mihi Tikao nō Wairewa'.

He mea mīharo ki a au te kite i ngā urupare a te tangata ki tōku moko. Te tini o ngā tāngata ka whakaputa huatau papai, e kōrero ana mō tōna ātaahua. Ko ētahi atu, ka āhua pōrewarewa te āhua, ka titiro atu. I te mea he wahine kiritea ahau, mō te roa o tōku oranga, ki te tūtaki mai tētahi tauhou ki a au, kāore ia i te mōhio mehemea he Māori ahau, nō iwi kē atu rānei. Engari ināianei, nā tōku moko kauae, kei te mōhio te tangata he wahine Māori ahau. Ko tētahi mea matahīapo ki a au, ko te urupare a ngā Māori: ka tuku mihi mai ki a au mā te 'Kia ora, Whaea' me te menemene, ka whakamihi mai mā te tungou rānei.

Kua maiea tōku moko mai i raro i tōku kiri, kua whakakite ia, a Mokorua, i a ia anō hei taonga i roto i ōna kiokio kākāriki.

We had karakia, and then the actual moko started coming into being. I wasn't sure what level of pain to expect – but I just breathed through it. Christine has a gentle way about her, and her daughter Tamaahine worked quietly and efficiently at her side. There were certain parts that were more painful but mostly it was tolerable. Overwhelming the pain was the enormity of going through this rite of passage, and a deep commitment to becoming a new version of myself.

I had had a dream a few weeks before where I saw myself rising up at that moment, and I saw my moko. It was a vivid green. It started moving in slow animation, the patterns weaving in and around each other. It was beautiful.

When Christine had finished her mahi, I rose from the table and went around the room and hongied each person. Tears were flowing. It was such a charged atmosphere, full of aroha. When I got to my Uncle Bob, Kelly's dad, who is my dad's only sibling left now, I felt like I was with my dad again – the strength of his tautoko and pride was palpable.

I saw the wonder in the eyes of my tamariki and their cousins, my nieces and nephews. Our whānau had reached another milestone in the decolonisation process – or, rather, in our journey of reindigenising ourselves, becoming who we always were. We are reclaiming the tohu, the marks of our tīpuna, of Tauporiotū and Hakeke, of Piuraki, of 'Miss Tikao from Little River'.

I've found it fascinating to see people's reactions to my moko. Many people comment positively, saying how beautiful it is. Others seem a bit stunned and look away. Because I have pale skin and am what is known in Māori as a kiritea, for my whole life strangers I meet have not necessarily known if I am Māori or some other ethnicity. Now, though, with my moko kauae, people know I am a Māori woman. One of the most precious things for me is how Māori respond: often they greet me with a 'Kia ora, Whaea' and a smile, or sometimes just a nod of acknowledgement.

My moko has now surfaced from beneath my skin, and she, Mokorua, has revealed herself in her green-lined goodness.

Te maiea / Te ruku[10]

Ka ruku iho ahau
pēnei i a Mataora ki Raroheka
e takitaki ana i tō Niwareka ingoa i ia
pānga o te uhi

Ka tau au mā te rōria mōteatea a tōku tāne
Ka whakawhirinaki au ki tōku tohuka tā
moko, ānō he kaiwhakawhānau ia
te āta tārai
i a
mātou
hei tangata

nā tōku whānau te oro i tuku
Hā ki roto, hā ki waho
te ruku iho, iho, iho
ki te wāhi tipuna
he āhuru mōwai
Kei te tuwhera ahau kua rite
hei whiwhi

Ka rongo te motu me te wera
o te hanga o tōku moko
pērā i te wā ka tītoko tō te pēpi
upoko i te puapua
te āta tīhae i te pūtautau huinga
he reka, he wera te mamae
te hāhā ahi i a ia
ki te ao mārama
tōna tinana mākū ā-kōpū kua puta
ki te hau
te rongo o te hau ki te kiri
tōna tānga
tuatahi

Tīhei
Mauri
Ora

Kua maiea tōku moko
i mua, kei rō rawa ia
kāore i kitea
mā te kanohi

Ōna kiokio e hari ana, e tuhituhi
ana āku kōrero ā-kiri
tāngia ki te waituhi pounamu pērā
ki ngā awa whatu
ki te whenua

Surfacing / Diving[10]

I am going deeper
like Mataora to Raroheka
chanting Niwareka's name at each strike
of the uhi

My tāne's mōteatea drone helps me settle
I trust in my tohuka tā moko, like a
midwife
moulding
us
into
being

my whānau provides the oro
I breathe in and out
diving down, down, down
into a tipuna space
he āhuru mōwai
I am open ready
to receive

I feel the cut and burn
of my moko's creation
like the moment when the baby's
head stretches the puapua
slowly ripping perineal tissue
sweet hot pain
fire breathing her
into te ao mārama
her womb-wet body out
in the atmosphere
sensation of air on skin
her first intake
of breath

Tīhei
Mauri
Ora

My moko has surfaced
before, she was so deep inside
invisible
to the eye

Her lines dance and doodle my skin stories
etched in pounamu ink like braided
rivers on whenua

Ngā whakaahua

The photographs

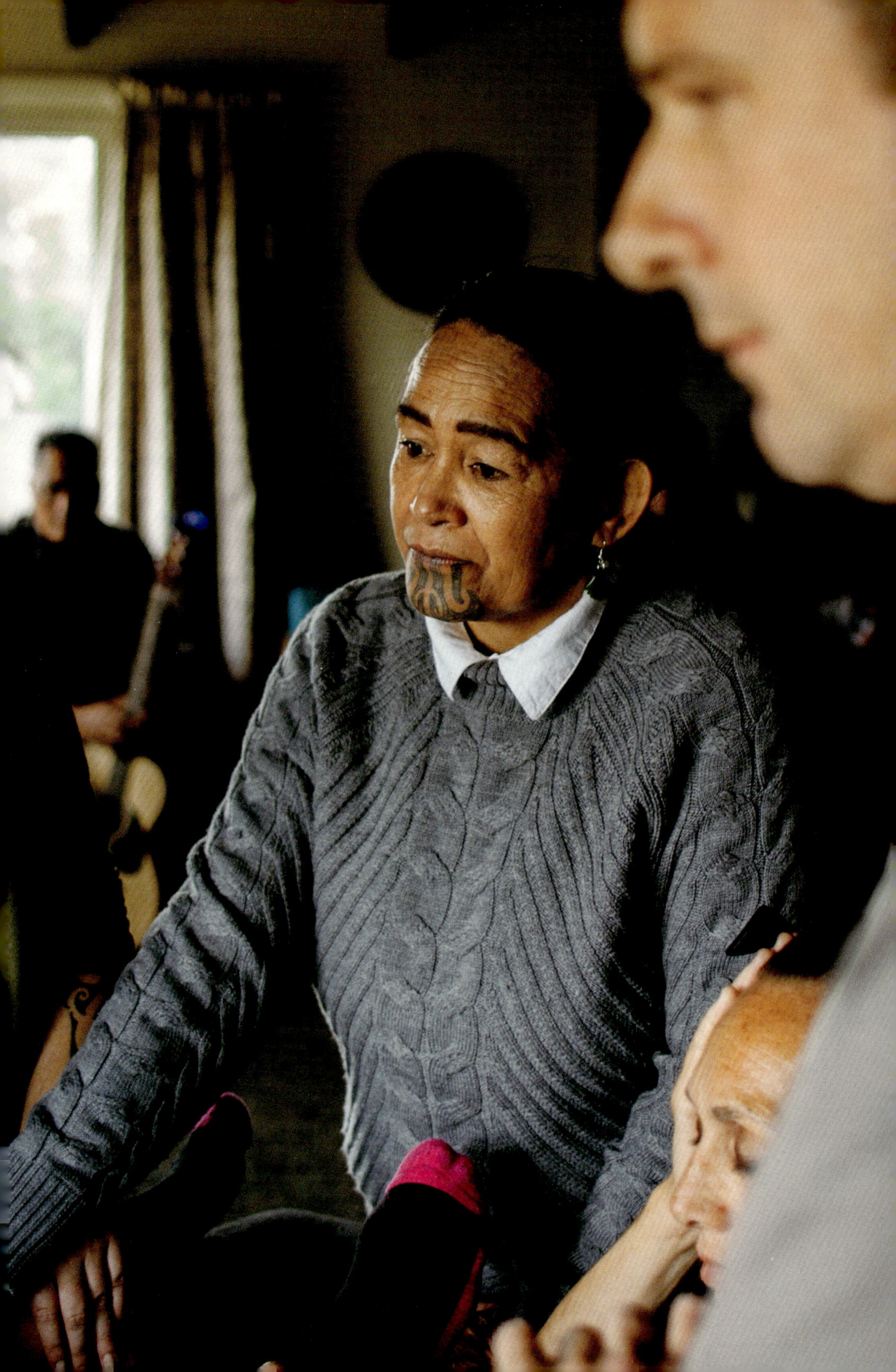

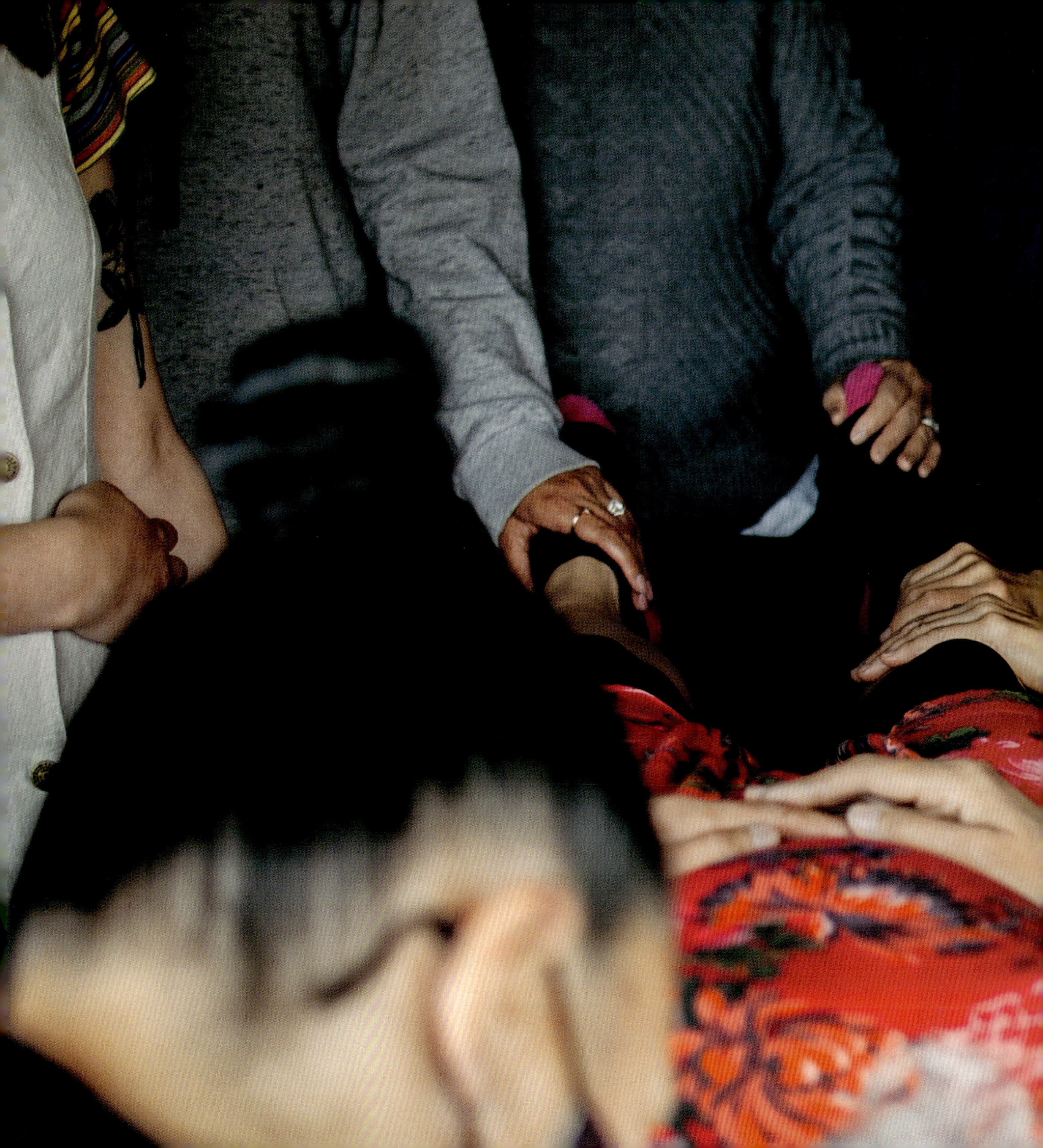

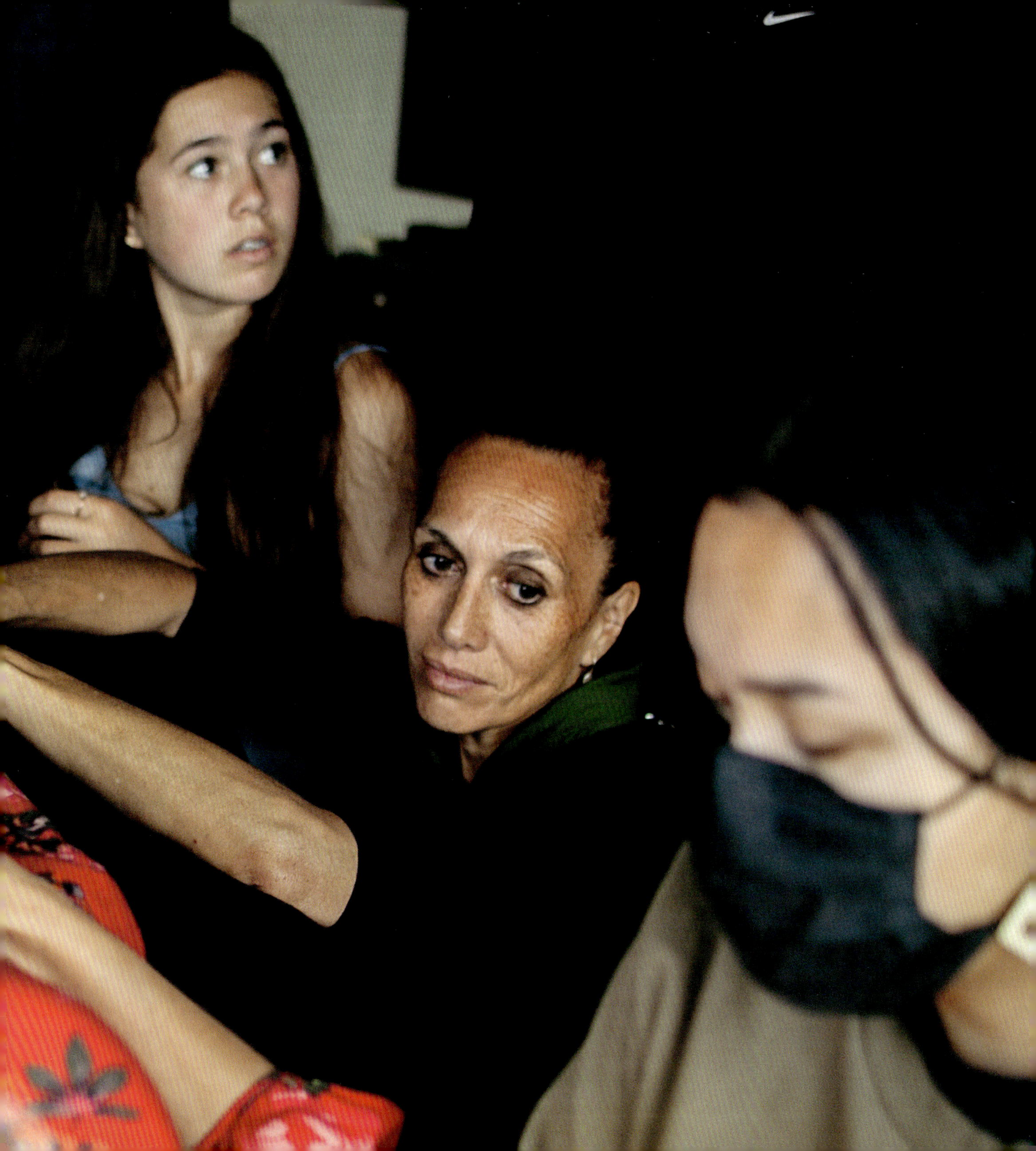

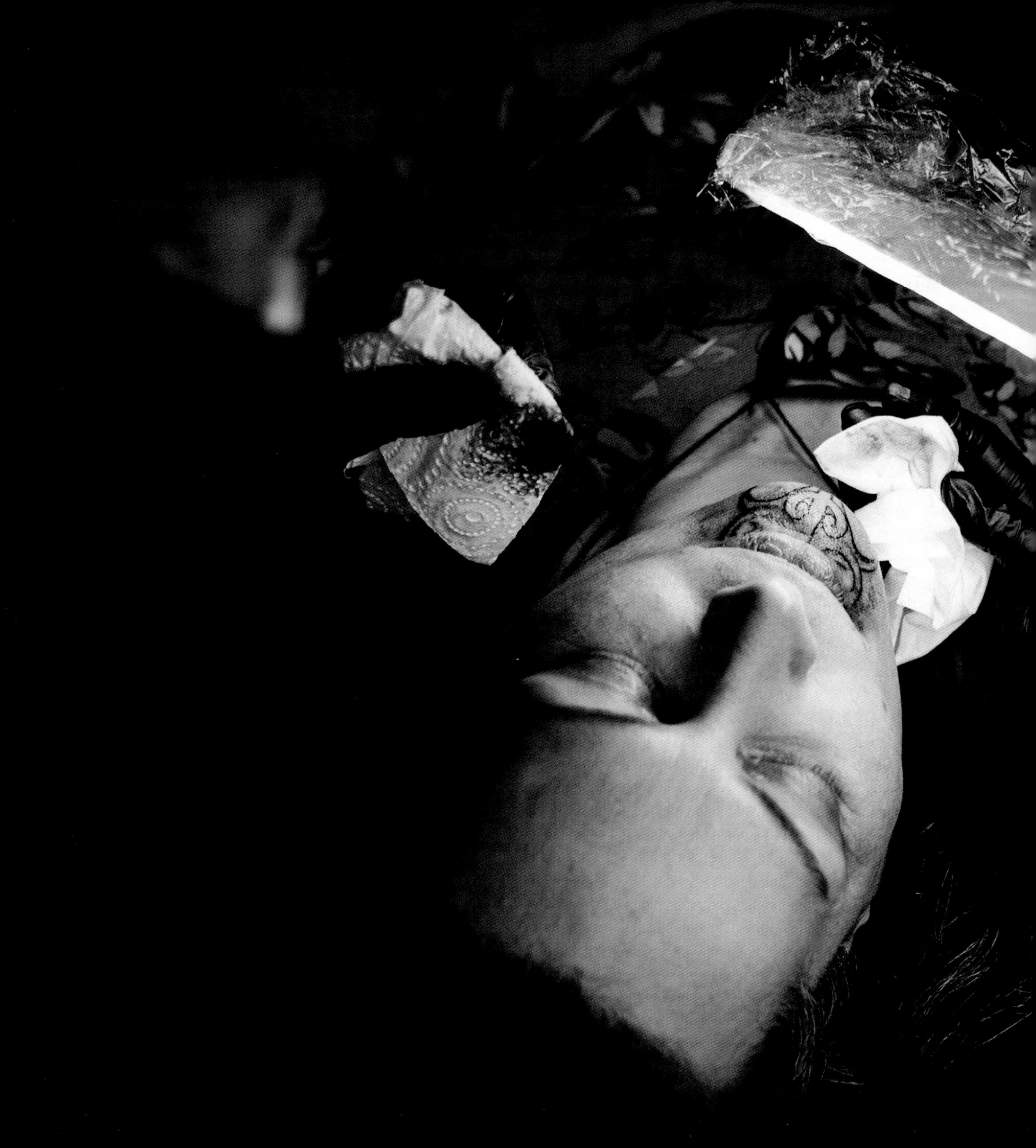

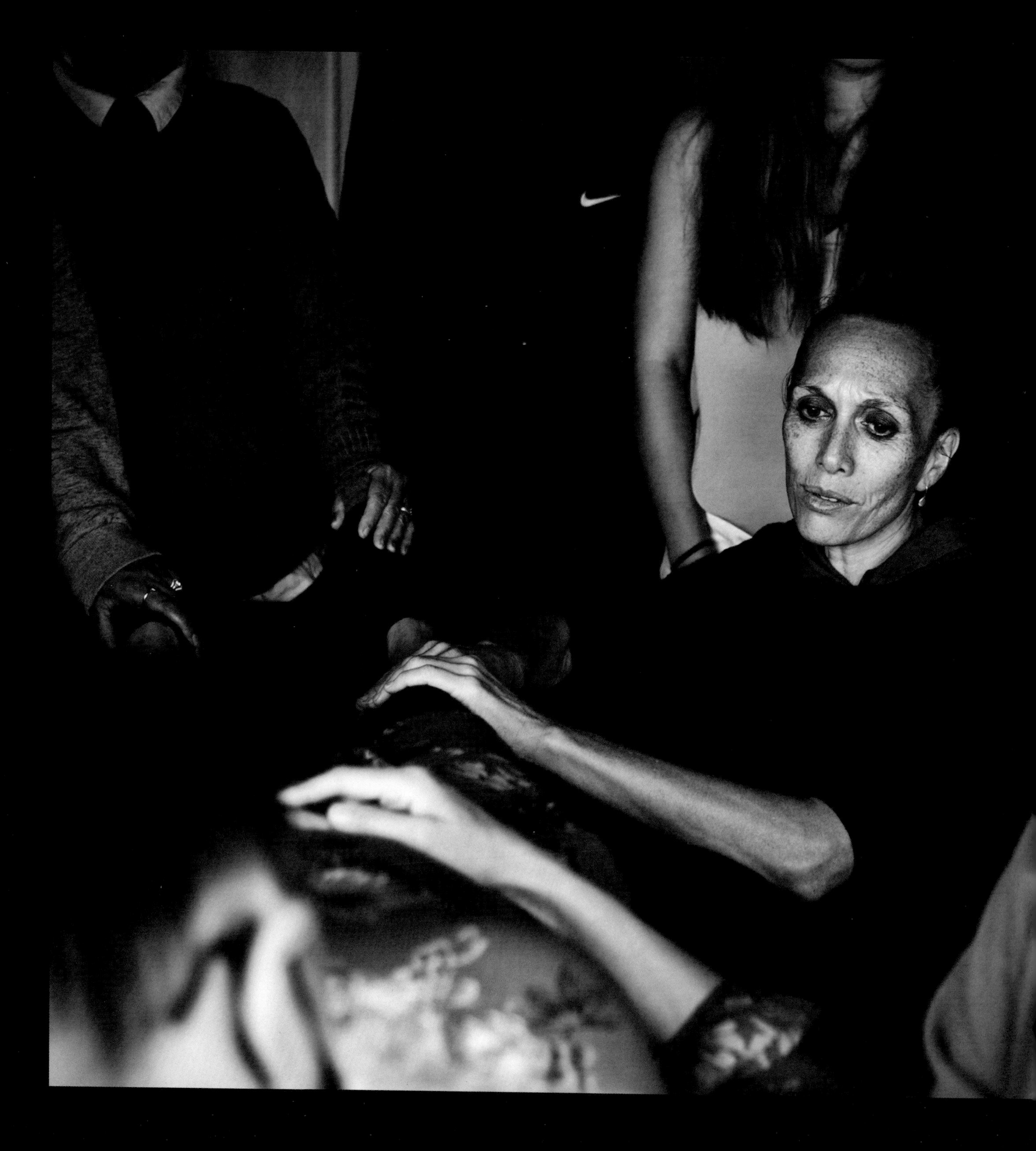

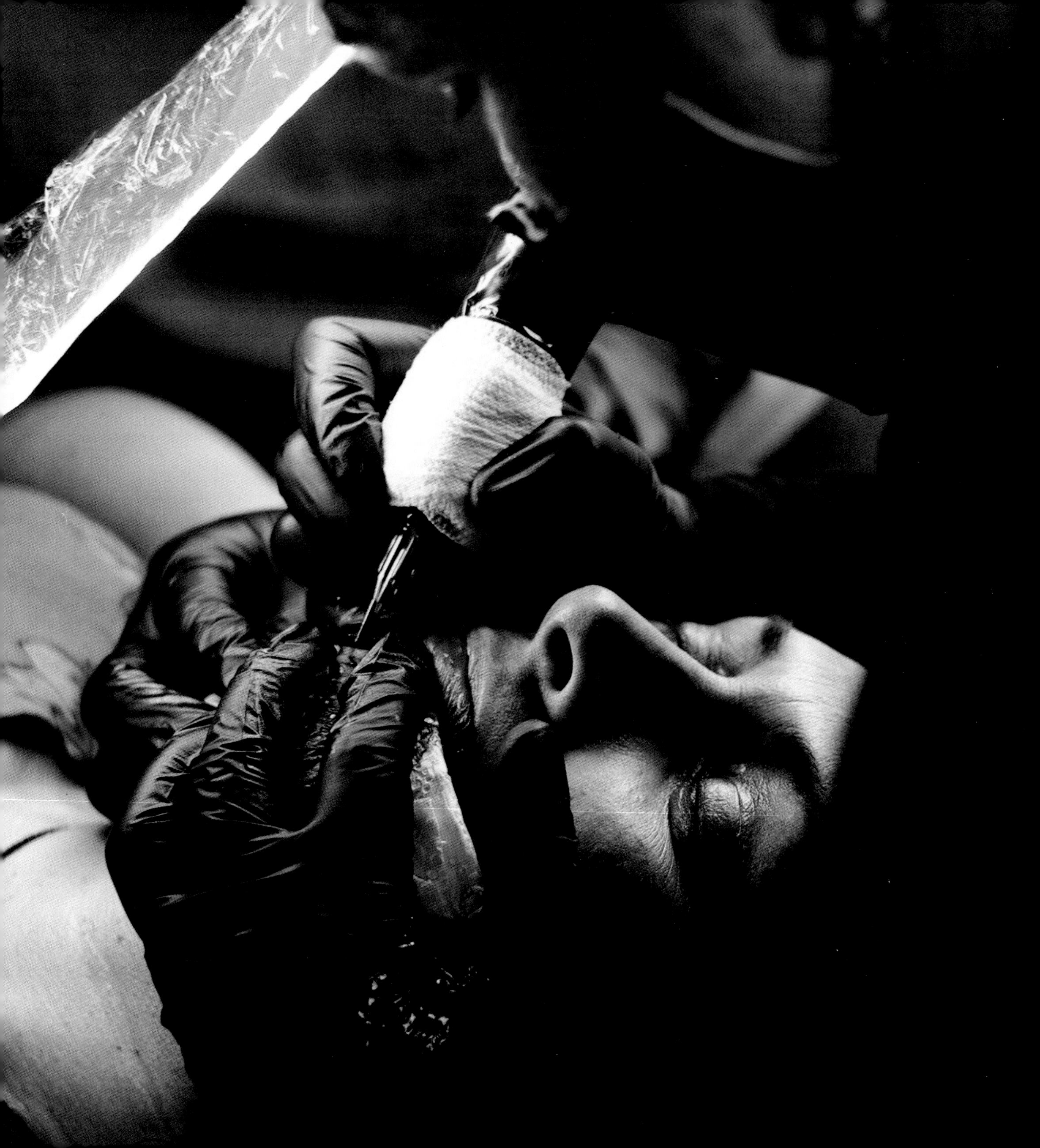

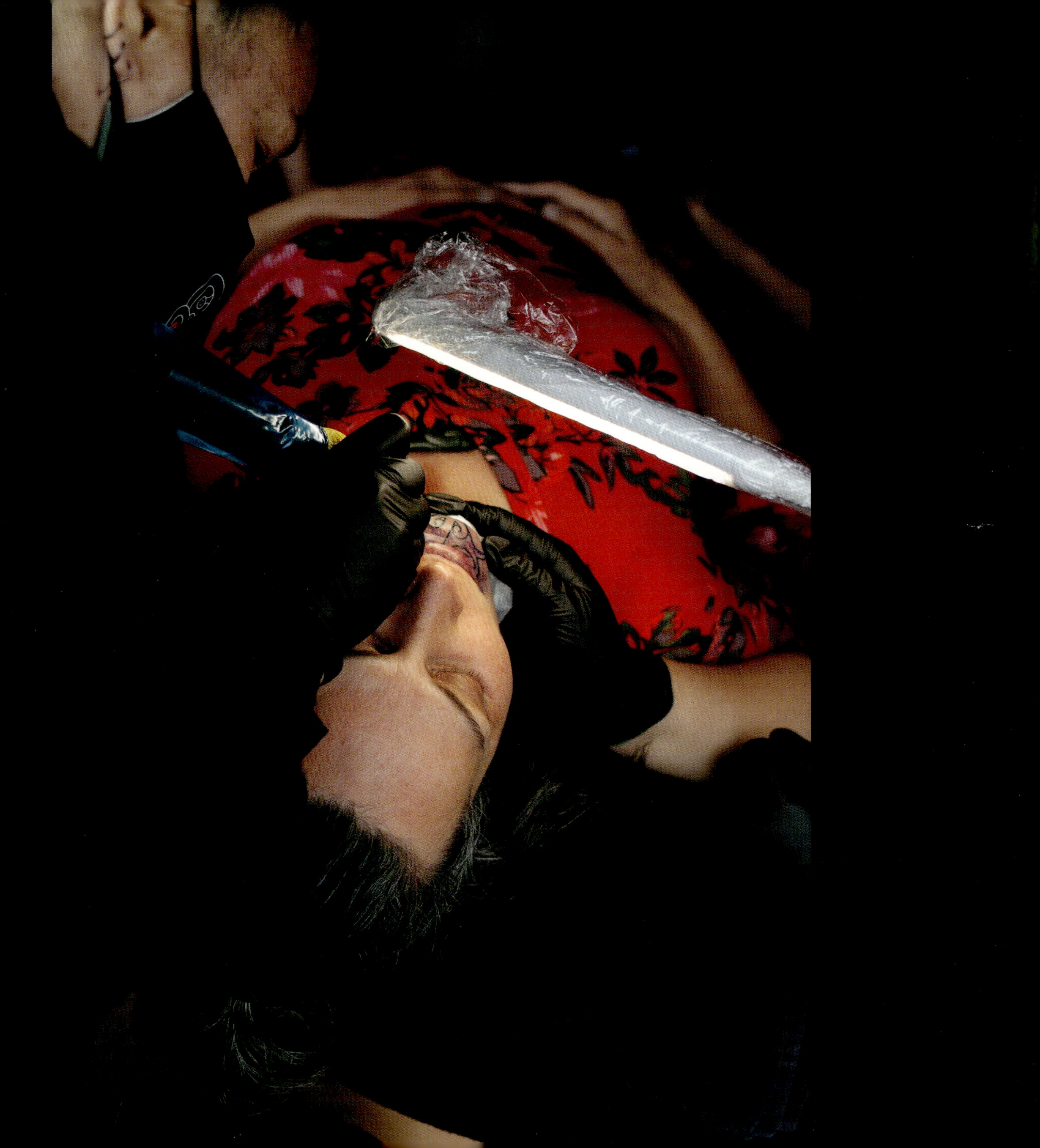

ATE OF MIND

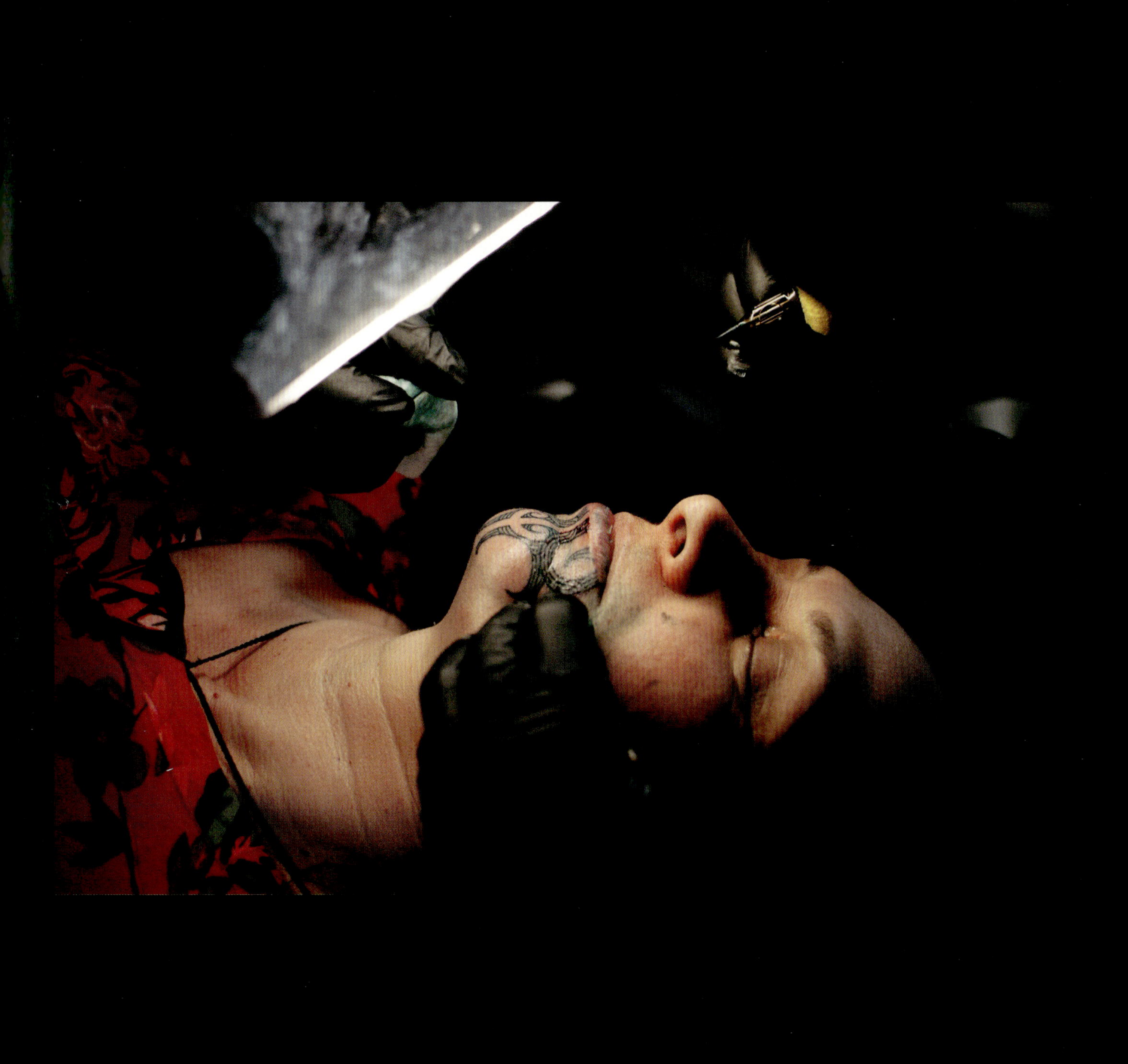

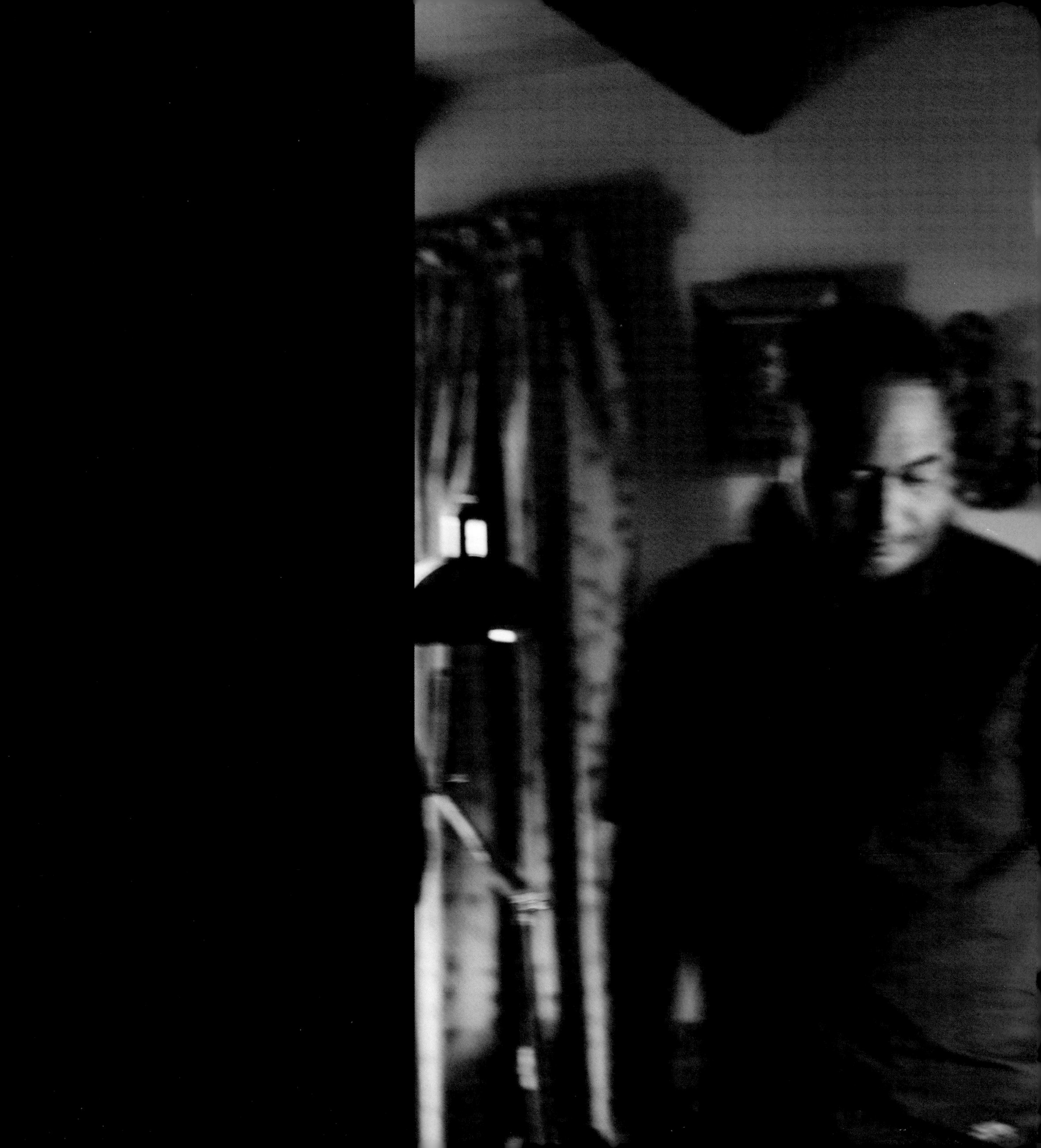

VOLCOM STONE
STATE OF MIND

Ngā tāngata
The people

Ariana Tikao
kaituhi / author

Photos by Ebony Lamb

Ko **ARIANA TIKAO** he kaiwaiata, he kaiwhakatangitangi taonga puoro, he kaituhi anō hoki nō Kāi Tahu. I whiwhi ia i tētahi tohu 'Laureate' o Te Tumu Toi mō te tau 2020. Ka tuhituhi ia i ngā waiata, ngā rotarota me ngā kōrero pono auaha e torotoro ana i ngā kaupapa e hāngai ana ki tōna tuakiri Kāi Tahu me te mana wahine, e aro nui ana ki ngā kōrero tuku iho a ōna tīpuna. Ko ia tētahi o ngā kaiwhakatangitangi, o ngā kaiarataki o tēnei whakatipuranga e whakarauora ana i ngā taonga puoro, hei whai i ngā tapuae o Hirini Melbourne, o ō Ariana kaiārahi hoki, o Richard Nunns rāua ko Brian Flintoff.

I tīmata a Ariana ki te tū ki te atamira i te tau 1993 me te rōpū orooro o Pounamu, ka toro atu ia hei kaiwhakaari puoro tōtahi i te tīmatanga o ngā tau 2000. He rongonui ia mō āna mahi whakamīharo ki te atamira me ōna hopunga e whakamihi whānuitia ana e ngā mātanga puoro. Kua whakaputa ia i ngā kōpae tōtahi e toru: *Whaea* (2002), *Tuia* (2008) me *From Dust to Light* (2012), ā, kua whai wāhi ki te tini o ngā kaupapa mahi tahi, tae atu ki a Emeralds and Greenstone, a Tararua, me te mahi takirua i te taha o Alistair Fraser.

I te tau 2015 ka tonoa a Ariana rāua ko Philip Brownlee e te Tira Puoro o Ōtautahi (CSO) kia tito i te puoro whakatene tuatahi mō ngā taonga puoro, *Ko te Tātai Whetū*. I whakatangitangi a Ariana i te whakarewatanga o te ao i te taha o te CSO i taua tau anō, ā, nāwai rā i te taha o Stroma me te Tira Puoro o Whakatū. Kua whakatangitangi hoki ia i te taha o te Tira Puoro o Aotearoa, te Tira Puoro o Tāmakimakaurau, te Tōwhā Autangi o Aotearoa, ā, i te tau 2016 ka whai wāhi ia ki te kaupapa whakahirahira a John Psathas, *No Man's Land*.

ARIANA TIKAO is a singer, taonga puoro musician and writer of Kāi Tahu descent, and recipient of a 2020 Arts Foundation Laureate award. She writes waiata, poetry and creative non-fiction exploring themes relating to her Kāi Tahu identity and mana wahine, often drawing on historical kōrero from her ancestors. She is among the current generation of artists and leaders rejuvenating taonga puoro, following in the footsteps of Hirini Melbourne and of her mentors Richard Nunns and Brian Flintoff.

Ariana began performing in 1993 with the folk group Pounamu, and branched out on her solo music career in the early 2000s. Known for her captivating live performances and critically acclaimed recordings, she has released three solo albums: *Whaea* (2002), *Tuia* (2008) and *From Dust to Light* (2012), and has been involved with many collaborative projects, including Emeralds and Greenstone, Tararua, and a duo project with Alistair Fraser.

In 2015 Ariana and Philip Brownlee were commissioned by the Christchurch Symphony Orchestra to compose the first concerto for taonga puoro, *Ko te Tātai Whetū*. Ariana performed the world premiere with the CSO that year, and later with Stroma and the Nelson Symphony Orchestra. She has also performed with the New Zealand Symphony Orchestra, the Auckland Philharmonia Orchestra, the New Zealand String Quartet, and in 2016 she was a part of John Psathas's epic project, *No Man's Land*.

I te tau 2019 ka uru a Ariana ki te Kamupene Kanikani o Atamira ki te tawhio i te motu mō te whakaaturanga kanikani o *Onepū*, nā Louise Potiki Bryant ngā nekenekehanga i tito. Ka tito a Ariana rāua ko Paddy Free i ngā puoro mō te whakaaturanga, ka kawe ā-tinana a Ariana i a Hinearoaropari, te atua o ngā paoro, ki te atamira. Ka takea mai a *Onepū* i tētahi kōrero orokohanga i kōrerohia e te tino pōua o Ariana, e Teone Taare Tikao, mō ngā atua wahine e whakahaere ana i ngā hau me ngā āhuatanga atu.

Kua whakamahia ngā mahi puoro a Ariana ki te pouaka whakaata, ki ngā kiriata, ki ngā whakaari, ki ngā kanikani, ki ngā pāpāho ā-ipurangi anō hoki. I te tau 2019 ka mahi ia i te taha o Karl Steven ki te hanga i ngā mahi puoro mō te pakipūmeka o *Fools and Dreamers*, e hāpai ana i ngā mahi o te Rāhui o Hinewai. Kua whakaputaina e rāua te kōpae puoro o *Hinewai* hei kohi moni ā-ipurangi mō te kaupapa whakarauora hauropi ki Horomaka.

I tuhituhi a Ariana i tētahi upoko o *Bill Hammond: Across the Evening Sky* (Te Puna o Waiwhetū, 2021), e whakaatu ana i ngā waituhi rongonui a te ringatoi mō ngā tāngata-manu. I tāngia tana rotarota 'To`u Reo' i te putanga mō Āperira 2021 o te maheni *takahē*.

I te taha o āna mahi puoro, āna mahi tuhituhi, kua roa a Ariana e mahi ana hei kaitiaki pukapuka, kaitiaki taonga kei ngā tūranga maha e aro ana ki a ngāi Māori, tae atu ki ngā tau e iwa ki te Whare Pukapuka o Alexander Turnbull. I te mutunga o te tau 2020 ka wehe ia ki te arotahi pū ki āna mahi auaha.

In 2019 Ariana toured nationally with Atamira Dance Company for the dance show *Onepū*, choreographed by Louise Potiki Bryant. Ariana co-composed the show's soundtrack with Paddy Free, and also performed as Hinearoaropari, the atua of echoes. *Onepū* is based on an origin story that came from Ariana's great-grandfather Teone Taare Tikao, about female atua of winds and other elements.

Ariana's music has been featured on television, film, theatre, dance and online media. In 2019 she worked with Karl Steven on the soundtrack for the documentary *Fools and Dreamers*, which highlights the work of the Hinewai Reserve. They have made the soundtrack album *Hinewai* available as an online fundraiser for the ecological restoration project on Banks Peninsula.

Ariana contributed a chapter to *Bill Hammond: Across the Evening Sky* (Christchurch Art Gallery Te Puna o Waiwhetū, 2021), which features the artist's legendary paintings of bird-people. Her poem 'To`u Reo' was published in the April 2021 edition of *takahē* magazine.

Alongside her music and writing, Ariana has had a long career as a librarian, archivist and heritage worker in various Māori specialist roles, including for nine years at the Alexander Turnbull Library. At the end of 2020 she left in order to focus fulltime on her creative work.

Christine Harvey
tohuka tā moko

Photos by Matt Calman

Ko **CHRISTINE HARVEY** (nō Ngāti Mutunga o Wharekauri, nō te iwi Moriori, nō Te Ātiawa ki Te Tauihu, nō Ngāti Toa Rangatira me Kāti Māmoe) te wahine tuatahi e ngākaunui ana ki te whakahaumanu i te mahi tā moko i waenganui o ngā tau 1990. I whakangungu tuatahitia ia hei kaipeita, kātahi ka huri tōna aro ki ngā toi Māori i raro i ngā ārahi a ngā ringatoi me ngā tohunga tā moko pērā i a Riki Manuel. Ka mahi hoki a Christine ki ngā matū atu, pērā i te kōhatu, te mētara, te kōiwi, te rākau me ngā momo kāpia. Inātata nei, kua whakamātautau ia ki te muka me te hoahoa ahunga toru, me te aro tonu ki ngā mahinga toi tūturu a te Māori me te iwi Moriori.

I te mutunga o ngā tau 1990, i tono mai ngā whanaunga o Christine e noho ana ki Taranaki, kia tū ia hei tohunga tā moko ki reira. Kua whakatūria i reira tētahi rōpū wahine, ko Leonie Pihama tētahi, ko Mera Pinehira tētahi anō, ki te wānanga, ko ā rātou mahi he ako i ngā mōteatea me ngā karakia hei whakarite i a rātou anō mō ō rātou moko kauae. Ko te tohunga me te kaiwhakarauora reo nei a Te Huirangi Waikerepuru (nō Taranaki, nō Ngāpuhi) tētahi o ō rātou pouako.

'Kua hāpainga e rātou tētahi kaupapa whakamīharo hei whakarite i a rātou anō ki te mau moko kauae,' e ai ki a Christine. 'He mea pai rawa atu. Ki tōku whakaaro, kātahi anō au ka tū ki tōku tūrangawaewae, ā, ka mahi takitahi au i tōku moko kauae tuatahi ki tētahi wahine ātaahua ko Huingāngutu tōna ingoa.' Nō muri mai, ka tonotono mai ngā wāhine e noho ana ki ngā tōpito o te motu kia tāngia ō rātou moko kauae e ia.

Hei tā Christine, ko te aronui haere mō te moko kauae ka tipu mai i te hiahia ki te tū hei wāhine Māori. 'He pērā hoki tō tātou reo, ka moe tērā ki roto i te tangata, ka whanga kia whakaoho noatia. Hei wāhine Māori, ka ako haere tātou i ō tātou whenua, ō tātou whakapapa, ō tātou reo, ka huri taua hiahia hei mea pono. Ki a au nei, mā te kite i te mea e haere kikokiko ana, ka taka te whakaaro ka taea tonutia te whakatinana.'

CHRISTINE HARVEY (Ngāti Mutunga o Wharekauri, Moriori, Te Ātiawa ki Te Tauihu, Ngāti Toa Rangatira, Kāti Māmoe) was the first wahine to commit to the revival of tā moko in the mid-1990s. After training as a painter initially, she was drawn into toi Māori and was mentored by artists and tohunga tā moko such as Riki Manuel. Christine also works with other media, including stone, metal, bone, wood and resins. Recently she has been experimenting with muka fibres and 3D design based on Māori and Moriori traditional art forms.

At the end of the 1990s, Christine's Taranaki whanaunga made a tono for her as a tā moko practitioner. A rōpū of wāhine, including Leonie Pihama and Mera Pinehira, had formed to wānanga, learning mōteatea and karakia in preparation for their mau moko kauae. Tohunga and language revivalist Te Huirangi Waikerepuru (Taranaki, Ngāpuhi) was among their teachers.

'They took on this wonderful journey of learning and readying themselves to take on kauae,' Christine said. 'It was a great thing. That is when I think that I had my own feet on the ground and did my first kauae on my own in Ngāti Ruanui, on a beautiful wahine called Huingāngutu.' After this, she had requests from wāhine all over the motu for her to create their moko kauae.

Christine believes that the growing demand for moko kauae relates to a desire to identify as Māori women. 'It's like our reo, it sleeps within us and it's just waiting to be woken. As wāhine Māori, the more we learn about our whenua, about our whakapapa, our reo, the more that desire becomes a reality. I think it just takes our minds to see something walking around in the flesh and we realise that that reality is more of a possibility than ever.'

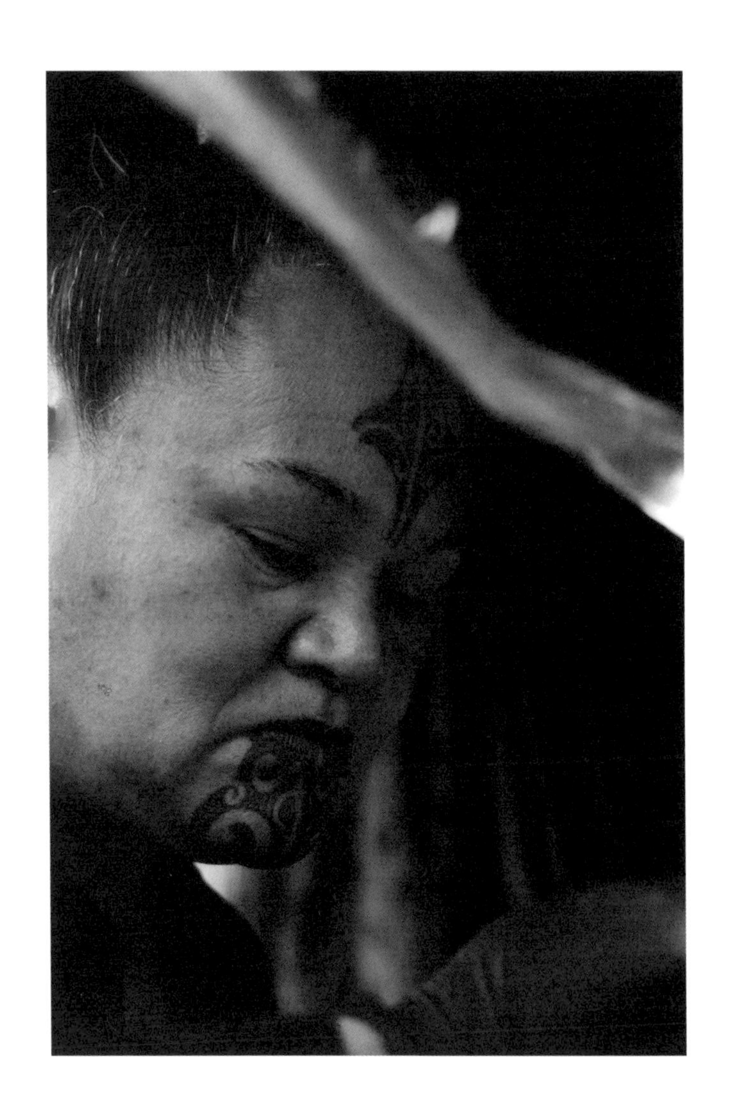

He mema a Christine o Te Kōkōwai Māreikura o Matangireia, he rōpū wāhine ki Ōtautahi e whakapakari ana i a rātou anō mō ngā ritenga e hāngai ana ki te māreikura, kia tū rātou hei pou tautoko mō ngā wāhine kua rite ki te mau i ō rātou moko kauae. Kei te ako rātou i ngā karakia, ngā waiata, ngā mōteatea, me ngā hītori Māori, e hāngai pū ana ki Te Waipounamu. Mā tērā ka kaha ake ō rātou mātauranga me ō rātou tuakiri hei wāhine Māori.

Ko tētahi āhuatanga o te whakarauora moko ki Te Waipounamu, he kiritea te tini o ngā wāhine Māori. Hei tā Christine, 'Ki a rātou, e noho ana rātou ki waenganui i ngā ao e rua, ā, mā te mau moko kauae ka whakatūturu i te whakaaro, "Ko au tēnei, ko tōku tuakiri tēnei, mā te titiro noa mai ki taku kanohi, ka mōhio koe."' I te tuatahi, tokomaha o ngā mema o Te Kōkōwai Māreikura o Matangireia he 'kirikau' te kauae; tokoiti rātou ināianei.

Kei te tino whakamanawatia a Christine e te mōhio haere ki ngā taonga me ngā ritenga e hāngai pū ana ki ngā wāhine Māori. Hei tāna, ko ngā mahi kua oti i tēnei wā, he tūāpapa mō ā tātou tamāhine, mokopuna hei ngā rā ki tua. 'Ka whakaaro au ki a rātou i roto i aku mahi katoa – ko te tūmanako he mahi ā tōna wā ka whakaarohia e rātou mā rātou anō.' Kua whai kē a Tamaahine i ngā tapuae o tōna māmā, ka mahi tahi ki a Christine hei ringatoi tā moko. Ki te whai wāhi ā tātou tamāhine, mokopuna ki ō tātou ritenga ahurea, pērā i te mātakitaki i te tānga o te moko kauae, hei tā Christine, 'he koha tino whai kaha te takahi tahi i tērā haerenga me ngā whakatipuranga'.

'He mea kāore i a tātou i mua. He wāhi nui tō te haumanu i ō tātou ritenga ki te haumanutanga o tō tātou mana wahine, mana whenua hoki. Tērā māreikuratanga. He tohu rangatira. Mō te wā roa, kāore tātou i kitekite noa i te moko kauae, ināianei tokomaha ngā wāhine mau moko kauae e hīkoi ana, e kōrero ana, e tuku mōhiotanga ana, i waenganui i a tātou. He wā whakahirahira tēnei mō tātou.'

Christine is now a member of Te Kōkōwai Māreikura o Matangireia, a group of wāhine in Ōtautahi who are upskilling themselves in practices pertaining to māreikura so they can be a cultural support to wāhine who are ready to receive their moko kauae. They are learning karakia, waiata, mōteatea and hītori Māori, especially relating to Te Waipounamu. It reinforces their knowledge and identity as Māori women.

One aspect to the moko revival in Te Waipounamu is that many Māori women there are fair-skinned. Christine says, 'They feel like they're in between worlds often, and so taking on kauae is an affirmation of "This is me, this is who I am, and you straight away are going to look at my face and know."' Many of the members of Te Kōkōwai Māreikura o Matangireia initially had 'naked' chins; now there are only a few.

Christine is greatly encouraged by the growing awareness of taonga and ceremonies especially for wāhine Māori. She sees the mahi that is being done now as laying a solid foundation for our daughters and mokopuna in the future. 'I always think of them when I do anything – that hopefully it will be something that they will one day see themselves doing.' Tamaahine is already following in her māmā's footsteps, and works alongside Christine as a tā moko artist. When our daughters, nieces and mokopuna are able to participate in our cultural ceremonies, such as witnessing a moko kauae being created, Christine sees this as 'a very very powerful gift to share that journey with our whakatipuranga'.

'It's something that we didn't have. That reclamation of our rituals is really vital to reclaiming our mana wahine, our mana whenua. That māreikuratanga. He tohu rangatira. There's been a big space and a time that we haven't seen kauae moko, and now we have many kauae walking around, talking and sharing, and upskilling us. It's a great time to be in.'

Matt Calman
kaitango whakaahua / photographer

Photo by Lottie Hedley

Ko **MATT CALMAN** he kaituhi, he kaitango whakaahua nō Ngāti Toa, nō Ngāti Raukawa-ki-te-tonga me Kāi Tahu. I whakapōtaetia ia i te Design and Arts College of New Zealand me te Tohu Pōkairua Mahi Toi (Hons) i te tau 2000, e arotahi ana ki te tango whakaahua. Kātahi ka ako ia i te kōrero ā-niupepa, ka whiwhi i te Tohu Pōkairua Kōrero ā-Niupepa mai i Te Kunenga ki Pūrehuroa i te tau 2007. Ka mahi ia ki te *Dominion Post* mai i te tau 2007 tae noa ki te tau 2010.

I mahi a Matt māna anō hei kaituhi, hei kaitango whakaahua i a ia e whakatipu ana i āna tamāhine tokorua, tae atu ki te tuhituhi i te rangitaki rorotu mō te mahi whakatipu tamariki mai i te tirohanga a te pāpā noho kāinga mō tā Stuff *Essential Mums*. I te Pepuere o te tau 2020 ka tāngia tāna pukapuka tuatahi, *The Longest Day* (Allen & Unwin), he tuhinga pono e whakaahua ana i ōna wheako o te mate pāpōuri me te mate māharahara, me tāna urutanga ki te tauwhawhai rongonui o te Tai ki Tai 'Rā Roa Rawa Atu'.

Ko te tango whakaahua he wāhanga whai tikanga o tō Matt oranga, mai i te wā tekau mā rima ōna tau ka kite ia i ngā mahi tūmatarau, hōhonu rawa o te rūma pōuri ki te Kura Tuarua o Burnside, tae atu ki te wā o te kiriata (arā, te filmstock), me te aranga ake o te ao matihiko. Kua whakaaturia āna mahi ki ngā whakaaturanga, kua tāngia hoki i te taha o āna pūrongo. Hei tāna, he hōnore nui, he moemoeā mō te kaitango whakaahua, te tono mai a Ariana kia haere mai ia ki tōna tānga moko kauae hei kaitango whakaahua, me te whakauru o āna whakaahua ki roto i tēnei pukapuka.

I te tau 2016 i whiwhi a Matt i tōna ake tā moko mai i a Wiremu Barriball, he ringatoi e noho ana ki Porirua. E noho ana a Matt ki Ōtautahi me tōna hoa wahine, a Ranui Calman, me ā rāua tamāhine.

MATT CALMAN is a writer and photographer of Ngāti Toa, Ngāti Raukawa-ki-te-tonga and Kāi Tahu descent. He graduated from the Design and Arts College of New Zealand with a Diploma of Arts (with Hons) in 2000, majoring in photography. He went on to study journalism, and graduated with a Diploma in Journalism from Massey University in 2007. He then worked at the *Dominion Post* from 2007 to 2010.

Matt worked as a freelance writer and photographer while raising his two daughters, including writing a popular parenting blog from the perspective of an at-home father for Stuff's *Essential Mums*. In February 2020 he published his first book, *The Longest Day* (Allen & Unwin), a memoir that chronicled his experience of depression and anxiety, and his bid to complete the iconic Coast to Coast 'Longest Day' endurance race.

Photography has been a constant in Matt's life, beginning with the magic and mystery of the Burnside High School darkroom as a fifteen-year-old, and spanning the filmstock era and the transition to the digital age. His work has featured in exhibitions and been published alongside his stories. Being asked to photograph Ariana's moko kauae ceremony – and having his photo essay included in this book – has been a huge privilege and a photographer's dream.

Matt received his own tā moko from Porirua artist Wiremu Barriball in 2016. He lives in Ōtautahi with his wife, Ranui Calman, and their daughters.

Ross Calman
kaiwhakamāori / translator

Photo by Auckland Libraries

Ko **ROSS CALMAN** (nō Ngāti Toa, nō Ngāti Raukawa-ki-te-tonga me Kāi Tahu) he kaituhi, he ētita, he kaiwhakamāori anō hoki. I whānau mai ia i Ōrongomai, ā, i a ia e tamariki ana ka noho ia ki Tāmakimakaurau, Taranaki, me Rotorua. Mai i te tau 1990 ki te tau 1993 ka whakaoti ia i te tāhū paetahi e arotahi ana ki ngā mātātuhi reo Ingarihi ki Te Whare Wānanga o Waitaha, ā, i te tau 1994 ka hūnuku ia ki Pōneke. Ka mahi ia, ka ako anō hoki i te reo Māori me ngā akoranga iwi me hapū mō ngā tau e toru ki Te Wānanga o Raukawa i Ōtaki, ka hono anō ia ki ōna whanaunga o Ngāti Toa me Ngāti Raukawa.

Ka tīmata a Ross ki te mahi tā pukapuka ki Huia Publishers i te tau 1995, ā, kua mahi ia hei ētita, hei mātanga mai i taua wā, e arotahi ana ki te reo Māori me ngā kaupapa Māori. Hei tāpiri ki tēnei, kua tuhituhi ia i te huhua o ngā pukapuka, tae atu ki āna whakahoutanga i ngā pukapuka torotoro rongonui mō ngā kaupapa Māori nā A.W. Reed. Kua tuhituhi ia i ngā pukapuka whakataki mō te Tiriti o Waitangi me Ngā Pakanga o Aotearoa, me ngā pūrongo huhua e pā ana ki ngā kaupapa ā-hītori mō ngā Hautaka Kura me Te Ara. I tuhia anō tētahi o āna pūrongo nō te Hautaka Kura hei pakimaero whakanikoniko momoho rawa, ko *Te Tiriti o Waitangi* te ingoa (i te taha o Mark Derby me Toby Morris, nā Piripi Walker i whakamāori), ka tāngia e Lift Education i te tau 2019.

Kua whakamāoritia hoki e ia ētahi pukapuka mā ngā tamariki, ā, i te tau 2019 ka whiwhi ia i Te Toi Reo Māori, te tohu ngaio mō ngā kaiwhakamāori nā Te Taura Whiri i te Reo Māori i whakahaere.

I te tau 2014 ka tīmataria e Ross tāna kaupapa hautoa rawa atu, te whakatika me te whakamāori i te tuhinga 50,000 kupu te roa nā Tamihana Te Rauparaha mō ngā mahi a tōna pāpā, a te rangatira nui o Ngāti Toa, a Te Rauparaha. I te mea he uri a Ross nō Te Rauparaha, he mahi aroha tēnei. Nō muri i te ono tau, ka whakaotia te kaupapa ki te tānga o *He Pukapuka Tātaku i ngā Mahi a Te Rauparaha Nui/A Record of the Life of the Great Te Rauparaha* i te tau 2020.

ROSS CALMAN (Ngāti Toa, Ngāti Raukawa-ki-te-tonga, Kāi Tahu) is a freelance writer, editor and translator. He was born in Upper Hutt and spent his childhood between Auckland, Taranaki and Rotorua. Between 1990 and 1993 he completed an honours degree majoring in English literature at the University of Canterbury and in 1994 he moved to Wellington, where he worked fulltime while studying te reo Māori and iwi and hapū studies for three years at Te Wānanga o Raukawa in Ōtaki, where he reconnected with his Ngāti Toa and Ngāti Raukawa roots.

Ross began his career in publishing at Huia Publishers in 1995, and has worked as an editor and consultant since then, specialising in te reo and kaupapa Māori. In parallel with this he has also been a prolific author, including revising classic reference works on Māori subjects by A.W. Reed. He has written introductory books on the Treaty of Waitangi and the New Zealand Wars, and numerous articles on historical topics for the School Journals and for Te Ara – the Encyclopedia of New Zealand. One of his School Journal articles was reworked into the highly successful graphic novel *Te Tiriti o Waitangi* (with Mark Derby and Toby Morris, translated by Piripi Walker), published by Lift Education in 2019.

He has also translated a number of children's books into te reo Māori, and in 2019 he was recognised with Te Toi Reo Māori, the professional translator's qualification administered by Te Taura Whiri i te Reo Māori, the Māori Language Commission.

In 2014 Ross embarked on his most ambitious project to date, editing and translating Tamihana Te Rauparaha's 50,000-word manuscript account of the life of his father, the great Ngāti Toa chief Te Rauparaha. Because Ross is himself a descendant of Te Rauparaha, this was a labour of love. The project took six years to complete, with the publication of *He Pukapuka Tātaku i ngā Mahi a Te Rauparaha Nui/A Record of the Life of the Great Te Rauparaha* in 2020.

He kupu āpiti—Notes

Note on dialect: Kāi Tahu dialect is used in Māori words within Ariana's English text and within her compositions in te reo Māori. However, the author and translator decided that they wanted to make the te reo Māori text as accessible as possible for learners of te reo Māori, and so the language of the translation is in a more familiar format, although some preference is given towards Kāi Tahu vocabulary.

1 Excerpt from Ariana Tikao, 'I kā rā o mua', written 1991.

2 It's not my fault, it's the chisel, the pigment, the flint,
All is dark here, all is black here,
He is dark, I am dark with him
Consume the 'wai', it is done.
Christine Tremewan, *Traditional Stories from Southern New Zealand: He Kōrero nō Te Wai Pounamu*, Macmillan Brown Centre for Pacific Studies, University of Canterbury, 2002, pp. 261, 269 (translation modified).

3 Horatio Gordon Robley, *Moko, or Maori Tattooing*, Chapman & Hall, London, 1896, pp. 34–35.

4 Ngarino Ellis, 'Toitu Te Moko: Maintaining the Integrity of the Moko in the 19th Century', presentation at *Rethinking Lindauer's Images of Maori* conference, Nationalgalerie Berlin, Germany, 20 February 2015.

5 James Heberley, *Reminiscences*, Alexander Turnbull Library, Wellington, New Zealand, MS-0971, p. 44.

6 James Cowan, 'Tikao the Sailor: Story of Old Akaroa Native', *Akaroa Mail*, 1 January 1918.

7 'Hone Tikao', in *Ngā Tohu Treaty Signatories*, NZ History, https://nzhistory.govt.nz/politics/treaty/signatory/7-8

8 Why do you diminish the power of women?
When you travelled the birth canal of your own mother
This great power to give birth, from darkness into the world of light
You remain hidden while hurling forth your insidious lies
The woman who wears her moko kauae with pride will prevail, the cowards are of no consequence
As she has the backing of multitudes, gods, ancestors, and the generations yet to come
Stay strong, hold fast, keep together
Tīhei mauri ora!

9 *Newshub*, 23 May 2018, '"She's More Māori Than You'll Ever Be"–Sally Anderson's Husband', www.newshub.co.nz/home/new-zealand/2018/05/she-s-more-maori-than-you-ll-ever-be-sally-anderson-s-husband.html

10 Excerpt from Ariana Tikao, 'Surfacing / Diving', 2021.

Te kuputaka—Glossary

āhua image, appearance

āhuru mōwai womb, a place of protection

Aoraki the ancestral mountain of Kāi Tahu

Aotearoa New Zealand

atua gods

'Ehara i te mea' a popular children's song

hapori section of a kinship group

hapū pregnant; subtribe

hītori Māori Māori history

i kā rā o mua in the days before

iwi tribe

Kāi Tahu, Ngāi Tahu the largest iwi in Te Waipounamu

kaiako tutor, teacher

kaik, kāinga village, home – literally 'place where the fire is lit'

kākahu fine cloak, worn on ceremonial occasions

kanohi face

karaka, karanga a ceremonial call, performed by wāhine, that is part of the ritual of encounter

kaupapa reason, purpose

kēhua ghost

kiritea pale-skinned person

korowai a woven cloak with twisted tags attached

kōtuku heron

mahika kai, mahinga kai traditional food-gathering practices

mamae pain, hurt

mana prestige, honour, status

marae ancestral home or village

māreikura; māreikuratanga noble-born female, esteemed female friend; an order of female spiritual guardians

mataora full facial moko

mauherehere captive

mauka; mauka ariki mountain; esteemed mountain

moko Māori designs tattooed onto the face or body, done under traditional protocols

moko, mokomoko lizard, skink, gecko

moko kauae chin tattoo worn by Māori women

moko pōkere dark moko, entirely covered in moko; full facial moko

mokopuna grandchild, grandchildren

Mokorua the name of my moko (literally 'two lizards')

mōteatea traditional song poetry

motu island; the whole country (the islands)

nguru a flute shaped like a sperm-whale tooth

oro sound, vibration

pā village; historically a fortified area

Pākehā New Zealander of European descent

pōua Kāi Tahu term for grandfather; male ancestor

pounamu greenstone

puapua vulva

pūtea funding

reo rumaki total immersion wānanga where participants speak only te reo

rōpū group

ruahine older woman who plays an important ceremonial role

tā moko tattoo; to apply moko

takiwā tribal area

tamariki children

taoka puoro, taonga puoro Māori musical instrument

taoka tuku iho treasure passed down intergenerationally

tāua grandmother, female ancestor

tautoko support

te ao Māori the Māori world

te ao mārama the world of light

te ao Pākehā the Pākehā world

te reo Māori, te reo the Māori language

Te Tiriti Te Tiriti o Waitangi, the Treaty

Te Waipounamu the South Island of Aotearoa New Zealand

tīhei mauri ora the sneeze of life – a phrase that indicates a ceremonial activation of mauri or energy

tikaka Māori Māori customs and practices

tino rakatirataka self-determination, autonomy

tipuna; tīpuna ancestor (s.); ancestors (pl.)

tohu sign, symbol, guide

tohuka, tohunga master or expert

tohuka tā moko expert moko practitioner

tono invitation, request

upoko head

wahine; wāhine woman (s.); women (pl.)

waiata song

waka canoe

wānanga to learn; workshop

whakapapa genealogy, genealogical connections, ancestral lines of descent

whānau extended family

whāngai a customary practice where a child is adopted, raised or cared for by another member of the whānau, often the grandparents

whare tipuna ancestral house

whenua land; placenta, afterbirth

He mihi maioha

I tōku kitenga tuatahi i ngā whakaahua i tangohia e Matt o tōku tānga moko kauae, ka mōhio pū ahau me whakaemi hei pukapuka. I tono au ki a Auckland University Press, ā, ka matangareka te whakahoki a te kaitā pukapuka, a Sam Elworthy. Ka whakamihi māua ko Matt i te tautoko mai a Sam, a Katharina, a Sophia, me ērā atu o te tīma o AUP. Ngā mihi hoki ki a Neil mō āna mahi waiwaiā mō te hoahoa me te takoto o te pukapuka, tae atu ki a Gillian rāua ko Hēni, ō mātou kaiwhakatika kupu mīharo.

Ka whakamihia ōku kaitiaki, ōku tīpuna me tōku whānau, ko rātou he wāhanga nui o ngā kōrero o roto o tēnei pukapuka, ka noho rātou hei puna manawa whenua mōku. Ka whakamihia hoki a Matahana, nāna ahau i whakarewa ki tēnei ao o ngā wāhine mau moko kauae, nāna hoki i haere ki taku taha mā te whiwhi i tōna moko tuatahi i muri tata mai i a au. He tino hōnore nui mōku tā māua haerenga tahi i runga i tēnei kaupapa. He mihi nui ki a koe, e te tamāhine! Ngā mihi hoki ki tōku tuakana ātaahua, ki a Kelly, nāna tōna whare i whakawātea hei āhuru mōwai mō tōku tānga moko kauae. He aroha mutunga kore ki a koe, e kare.

He mihi nui rawa ki a Christine Harvey, tōku tohunga tā moko, mōna i mau mai i tōna huatau, tōna auahatanga, ōna pūkenga ki tēnei mahi ātaahua; me tāna kōtiro, a Tamaahine, nāna ia i āta tautoko – 'te tīma moemoeā!'

He mihi nui ki a koutou i tae mai hei hunga tautoko i taua rā, mō ō koutou aroha, waiata, taonga puoro, kōrero, me te noho hūmārie i ngāwari ai ngā ritenga: Amiria, Angela, Uncle Bob, Debbie, Hinekaea, Holly, Kelly, Lavinia, Mahina, Maio, Matahana, Matakaea, Riki, Ross, Ruby, Solomon, Tama-te-ra, Te Ariki, Toi me Wairaamia.

Me pēhea hoki, ka tukuna ngā mihi ki a Matt mōna i mauhanga i tēnei rā whakahirahira mōku anō ki āna whakaahua whakamīharo. Ka tukuna ngā mihi maioha ki a Ross, tōku hoa rangatira, mōna i whakamāori i āku kōrero, hei whakawātea i tēnei pukapuka ki te hunga e kōrero ana, e ako ana hoki i te reo Māori, hei hāpai hoki i te whakarauoratanga haere o tō tātou reo rangatira.

Ngā mihi ki a Ngahina Hohaia mōna i whakaae mai kia whakaurua he wāhanga o āna kōrero ki tāku nei. Ki a koutou katoa, ngā wāhine mau moko kauae, e mau ana i tēnei taonga ki ō koutou konohi i runga i te tū whakahīhī me te mana: he mihi maioha. He whakatinanatanga o te taonga tuku iho i heke iho i te whakapapa, ka noho hei tūāpapa mō ngā whakatipuranga kei te haere.

Nā Ariana Tikao

Photos by Matt Calman

Acknowledgements

When I first received the photographs that Matt took of my moko kauae ceremony, I saw them as a book straight away. I sent a proposal to Auckland University Press and received an enthusiastic and encouraging response from the publisher, Sam Elworthy. Matt and I acknowledge the support of Sam, Katharina, Sophia and the rest of the team at AUP. Also thank you to Neil for the mahi on the stunning design and layout, and to Gillian and Hēni, our amazing editors.

I acknowledge my kaitiaki, tīpuna and whānau, who are very much a part of this story, and always my inspiration. I especially acknowledge Matahana, who helped launch me into this world of wāhine mau moko kauae, and who accompanied me on this journey by receiving her first moko directly after me. It was a privilege to go through this together. He mihi nui ki a koe, e te tamāhine! Also, thanks to my beautiful cousin Kelly, who provided her whare as a nurturing space of whakaruruhau for my moko kauae ceremony. He aroha mutuka kore ki a koe, e kare.

A huge mihi to Christine Harvey, my tohuka tā moko, who brought her grace, artistry and expertise to this beautiful mahi; and to her daughter Tamaahine, who supported her so seamlessly – the dream team!

To all those who were there with me on the day, and who provided their aroha, waiata, taoka puoro, kōrero, good humour and quiet presence that helped ground the ceremony, he mihi nui ki a koutou: Amiria, Angela, Uncle Bob, Debbie, Hinekaea, Holly, Kelly, Lavinia, Mahina, Maio, Matahana, Matakaea, Riki, Ross, Ruby, Solomon, Tama-te-ra, Te Ariki, Toi and Wairaamia.

And of course I'd like to thank Matt for documenting this momentous occasion in my life with his incredible photographs. My heartfelt thanks to Ross, my hoa rakatira, for translating my kōrero, to make this book accessible to speakers and learners of te reo, and to support the ongoing revitalisation of te reo Māori.

Thank you to Ngahina Hohaia for allowing me to include part of her story within my story. And to all of you other wāhine mau moko kauae, who wear this taoka on your konohi with such pride and mana: he mihi maioha. It is a realisation of taoka tuku iho derived from whakapapa, and laying the foundation for all the mokopuna yet to come.

Nā Ariana Tikao

First published 2022
Auckland University Press
University of Auckland
Private Bag 92019
Auckland 1142
New Zealand
www.aucklanduniversitypress.co.nz

© Ariana Tikao, 2022
Photographs © Matt Calman, 2022
Translation © Ross Calman, 2022

ISBN 978 1 86940 970 8

Published with the assistance of Creative New Zealand

A catalogue record for this book is available from the National Library of New Zealand
This book is copyright. Apart from fair dealing for the purpose of private study, research, criticism or review, as permitted under the Copyright Act, no part may be reproduced by any process without prior permission of the publisher. The moral rights of the authors have been asserted.

Book design by Neil Pardington Design
This book was printed on FSC® certified paper
Printed in China by Everbest Printing Investment Ltd

Ngā puna whakaahua—Image credits

Me as a toddler with siblings at South Brighton Beach, *c.* 1973. Private collection.

My great-great-uncle Piuraki. *Tikao, Pote* (detail), original drawing by Charles Meryon; etching by Auguste Delâtre, 19th century, Collection of Christchurch Art Gallery Te Puna o Waiwhetū, gift of the Collins family, 2021.

'Miss Tikao from Little River': A mysterious revelation. 'Miss Tikao from Little River, wearing a korowai', unknown photographer (*c.* 1900s), Kareao database, 154M, Ngāi Tahu Māori Trust Board Collection, Ngāi Tahu Archive, Christchurch.

'Group of wāhine at Rāpaki': (from left) Mihiata (Tore) Te Ururaki, Kiti Couch, Riti Manihera (née Crane), Maata Hutana (Taua Lassie) and my great-grandmother Matahana Toko Tikao (née Solomon); (seated) Taura Ropata and Heeni Tau. Photographer unknown (*c.* 1911), Ngāi Tahu Māori Trust Board Collection: Ngāi Tahu Archive, ref. 225J.